文春文庫

怪談和尚の京都怪奇譚

妖幻の間篇

三木大雲

文藝春秋

目次

怪談和尚の 京都怪奇譚 妖幻の間篇

はじめに

私は、怪談を通して生き方を考える、怪談説法というものをさせて頂いております。その怪談部分については、嘘だろうとか、許可をとったのかなど、色々なご意見を頂きます。許可はもちろん、関係者の方々すべてから取っております。作り話かどうかという点で言えば、全て実話のものもあれば、実話を元に内容を少し変えたものもあります。本文中のお名前、場所なども変えさせて頂いております。

その理由は二つあり、一つは個人や場所の特定を避けるためです。もう一つは、関係者の中に、ある部分を変えて欲しいという要望があった場合に、それを優先させて頂いているためです。

しかし私は、話が事実通りかどうかにあまり重きを置いてはおりません。それよりも、霊や怪奇現象を通して、何を考え何を感じたかの方に重きを置いております。極端なことを言えば、教訓のある昔話のようなものとして本書を読んで頂くことが、私にとっては一番の理想であり、有り難いことなのです。

それに、私が怪談を語る目的の一つは、仏様や神様は、私たちと同じく存在するということをお伝えするためです。

人間が人生を送る中で感じる苦しみや悲しみには、意味があると思うのです。苦しみがあるから、楽しみや悟りといったものがあるわけです。

しかし、苦しみの中には、どうやっても乗り越えられないと思えることがあります。私自身、どうして自分だけがこのような苦しみを体験しなくてはいけないのかと思ったり、生きていることさえ無駄に思える時期も、幾度か経験致しました。

しかし、それらを乗り越えられたのは、仏様の存在と、その教えがあったからでありました。どうか本書を通して、その一端でも感じて頂ければ、幸いに思います。

第一章

人間は、一日にどれくらいの人と関わって生きているのでしょうか。

例えば、ご飯を頂くにしても、農家の皆様がおられないと食べられません。また、お米を炊く為の水道水も、炊飯器の電気も同様に考えて行きますと、お茶碗一杯のご飯を頂く為には、何万、何億人の方々の働きがないと食べられないのです。

こんなお話をしますと、中には、自給自足なら誰とも関わらないと言われる方がおられるかも知れません。

確かに電気も使わず、自然の水を使用しながら生活をしていると、人間との関係をなくす事は出来るかもしれません。しかし、草木草花、虫たちの働きがなければ、暮らしてはいけないのです。

ドイツ生まれの理論物理学者のアルベルト・アインシュタインは、「地球上からミツバチがいなくなったら、四年後には人類は絶滅する」という内容の言葉を残しておられます。人間の力だけでは受粉は出来ないからです。

もし今、地球上からミツバチも含めて虫がいなくなると、人類は作物が作れなくなり、死滅してしまうのです。人間だけでは人類の存在は成立しない訳です。

そうならない為に、私たちは自然や虫、動物たちと互いに共存を図らなければいけません。

例えば、ミツバチは植物から蜜を貰います。その代わり、花の受粉を助けています。ミツバチの存在と行動が、知らないうちに花の役に立っているわけです。

私たち人間にも同じことが言えます。自分は日々の仕事をこなしているだけだと思っていても、実は大きな役割を果たしていることがあります。

人間は、共存共栄を考える上で、このことを意識して日々を送ることが大切なのだと思います。

自分は沢山の人のお陰で暮らし、またその人たちの為に自分のやれる事を日々、怠ることなくやるという思いが、共に存在を保障し、共に栄える為の第一歩なのです。

盗まれた仏像

とても残念な事ではありますが、全国で仏像の盗難事件が後を絶ちません。蓮久《れんきゅう》寺《じ》が属する本山《ほんざん》でも盗難事件が発生してしまいました。この事件は全国的なニュースになりました。

本山とは、複数の寺院を取りまとめる寺院の事で、規模の大きなお寺です。ですので、本堂の他にも幾つかのお堂があったりします。そのお堂の一つから、仏像がなくなったのです。

その本山では、毎朝四時頃にお勤めのお坊さんが、本堂のお水の交換をします。次に境内《けいだい》にある別棟のお堂へと行き、そこのお水を交換します。そして、一般寺院では住職に当たる貫首《かんしゅ》様に、朝のお勤めの準備が出来た事を報告に行きます。その間、本堂とお堂の扉は開けっぱなしになっています。

さて、朝のお勤めを始めようと、お坊さんがお線香やお燈明《とうみょう》を点けて回ったその時、仏像の一つが無くなっている事に気がつかれました。勿論、その直後、境内などを探されましたが、犯人らしき人影もなかったそうです。そして警察に連絡すると、直ぐに警察の方々が沢山来てくださったそうです。

盗まれたのは、月天子《がってんじ》様という仏像で、お月様の神様です。高さは五十センチ程で、木造りのものです。ですから、大人が脇に抱えて持ち去るのに、丁度良いサイズなのです。

警察は、指紋や靴跡、怪しい人物を見かけなかったか、ご近所さんへの聞き込みなど、色々と手を尽くして調べて下さいましたが、これといった証拠は見つかりませんでした。

それからひと月程が経って、私も警察の方とお話しする機会があり、捜査状況をお聞きしました。すると、防犯カメラもない、証拠も目撃情報もないという今回の状況では、無事に仏像が戻って来られる可能性は低いと言われました。

私はとてもショックでした。私だけでは勿論ありませんが、仏像というものは、お寺やお坊さんにとっては家族同然です。言うなれば、誘拐事件に相当します。私よりも昔からお寺にお暮らしであった仏様が、ある日突然知らない人によって、知らない土地に運ばれた訳です。

私は心配で心配で、夜も良く眠れなくなりました。

「今どこでどうされていらっしゃるだろう。寒かったり暑かったりしないだろうか。粗雑に扱われておられないだろうか」

この日から私は、天の三光に手を合わせるようになりました。天の三光とは、三つの光の神様のことです。

三つの光とは、日天子《にってんじ》様という太陽の神様、月天子様という今回誘拐された、お月様の神様、そして明星天子《みょうじょうてんじ》様という星の神様のお三人の事です。

私は太陽が上がっておられる時には、陽の光に手を合わせ、夜になると、星に向かって手を合わせ、月に向かっては月天子様に無事にお帰り下さいとお願いしました。

知り合いの方からは、ネットオークションに掛けられるかもしれないからと教えて頂き、携帯電話で毎日のようにチェックしていました。しかし、残念ながら、何ヶ月が過ぎても何も手掛かりは見つかりませんでした。

そして、あと二ヶ月で一年が過ぎようとしていたある日、私は夜に外に出て、月と星の光に向かって手を合わせました。

「お姿が見えなくなって、十ヶ月が過ぎました。その間に、私は深く反省しました。それは、いつお堂に行っても仏様とお会い出来ると、当たり前に思っていた事です。その有り難さを忘れていました。申し訳ありません」と、反省の心で手を合わせました。

その日の深夜の事です。寝ていますと、突然暖かな光が私の顔先に近づいて来るのを感じました。とても心地よい暖かさに、私は目を開けました。するとそこには、月天子様が立っておられるのです。

今までも夢の中に月天子様が姿を見せてくださる事はありましたが、いつも霧がかかったようなお姿で、ハッキリと見えたのは、この時が初めてでした。私は思わず手を合わせ、「とても心配しております。今、お元気になさっておられますか、酷い目に遭っておられませんか」と安否ばかりを尋ねていました。

すると、月天子様は、優しく微笑まれて「心配をかけましたね。少しお風呂で、汚れを流してから帰ります」、そう仰いました。

それを聴き終わった直後に目が覚めたのです。私は歓喜の涙を流していました。それは、月天子様がお帰りになられる喜びと、そのお声にありました。月天子様のお声は、不安だった心に安心と潤いを与えてくださる何とも形容し難い美しいお声でした。

私は嬉しくなって、兄が住職を務める、本山の塔頭《たっちゅう》に行き、

この日の夢の話をしました。

「間も無く月天子様がお帰りになられる夢を見た」と報告しました。兄はそうなると嬉しいと言ってくれました。

しかしながら、それからひと月程が経っても、何の進展もありませんでした。

「あれは単なる夢だったのか。しかし、お風呂で汚れを流してから帰りますと言われていたので、温泉でゆっくりされているのかも知れない」

そう思い、今暫《しばら》く待つことにしました。

そんなある日、兄のお寺で会議がありました。この会議は、誘拐された月天子様とは全く関係のないものです。しかしその会議中に、ある方から、SNSで「ネットオークションで、三木さんが探している仏像らしき物が上がっていますよ」とご連絡を頂きました。

それとほぼ同時に、本山の方が兄の寺に来られて、「オークションに月天子様が出ておられる」と教えてくださいました。直ぐに警察に連絡した後、私はネットオークションのやり方が分からないので、詳しい方にお願いして、落札をお願いしました。

翌日、出品者の方に警察の方が連絡してくださいました。すると、出品者の方は、盗品だとは全くご存知なかったそうです。本山の方では、夢に見たという事もあり、私が警察やマスコミの方々への対応を任されました。

そこで詳細をお聞きし、やはりあの時の月天子様の夢は、正夢であったという事を確信いたしました。と言いますのは、お戻りになられた月天子様のお姿は、以前よりも色鮮やかになられていたのです。

その理由は、出品された方が、仏像を専門に扱われる業者様で、プロの方に仏像を綺麗に掃除するよう依頼してくださったのです。しかも、この業者様がある場所は、日本有数の温泉地だったのです。

まさに月天子様は、あの夢で仰っていた通り、温泉で汗を落とされたのだと思います。そして、今回の事件で月天子様が一番に仰りたかった事は、諸行無常ではなかったかと思います。

私はお堂に行けば、いつでも月天子様を拝む事が出来る。お堂に居てくださる事は、当たり前だと思っていました。しかし、今回の件で、どのお仏像もそうですが、手を合わせる事が出来るという事は、決して保証された当たり前のことではないのです。

仏教の教えに、諸行無常という言葉がありますが、まさにこの世に常《つね》という事はないのです。

友人、家族、親子でも勿論そうです。今は当たり前に顔を合わせ、話すことが出来たとしても、明日にまた会える保証はない訳です。

当たり前の反意語は、有り難いです。日常の生活は、有り難いのだと再度、考えさせて頂けました。

そして、何より、今回の月天子様だけではなく、仏様や神様は存在しておられて、私たちを見守ってくださっている事を実感させて頂けました。

事故

皆さんは趣味をお持ちでしょうか。趣味を持つことは、嫌な事も忘れてそれに没頭でき、ストレス解消にもなると思いますので、是非、持つべきだと思います。ただ、そうは思うものの、私には現在、これといった趣味がありません。興味のある事は山のようにあるのですが、深掘りする時間が中々持てず、趣味と言える領域までには達しておりません。ですので、これが私の趣味なのですと言われる方とお会いすると、とても羨ましいと感じます。

今回は、そんな趣味に纏《まつ》わるお話です。

自転車の種類の一つに、ロードバイクと呼ばれるものがあります。

ロードバイクは、一般的な自転車と比べてかなり軽量化されており、タイヤも細く出来ています。それに、向かい風を切る時もある為、前傾姿勢で乗れるように、ハンドルが下向きに曲げてあります。競輪選手の乗るタイプの自転車です。

三十代になられたばかりの皆川さんの趣味は、そんなロードバイクに乗って、サイクリングに出掛ける事です。

ですから休みの日には、京都市内を離れ、天橋立辺りまで自転車で行かれる事もあるそうです。距離にして百キロ近くありますので、二日間かけて行かれるそうです。

「途中の峠を自転車で登り切り、その後、坂道を下るその爽快感。風の存在を体全体で感じながら走る自然との一体感。車のように速くなく、歩くよりも速い速度で見る景色には、また違ったものがあるんです」

皆川さんは、そう仰《おつしや》います。

私から見れば大変な運動量ですが、それを趣味にされている皆川さんにとっては、とても楽しい時間である訳です。それ程に好きな趣味ですから、知り合いに勧めたくなられた訳です。

そして、同じ会社の同僚や取引先の人にまで、ロードバイクの素晴らしさを何度もお話しになりました。しかし、中々分かってくれる人は現れなかったそうです。

そんな時に、たまたま道で幼馴染の笹野さんと再会されました。幼稚園の頃から仲が良く、中学生くらいまでよく遊ばれたそうですが、進学した高校が違ったので、その辺りから疎遠になっておられたそうです。

久しぶりに会った友人同士、直ぐに幼かった当時の関係に戻って、頻繁に食事に行かれるようになりました。

それぞれの知らない期間の話や、お互いまだ結婚していない事、仕事の話など、色々と話が弾みます。

そんな中で、自然に、趣味の話になっていったそうです。

笹野さんの趣味はひとりキャンプで、車で山や海などに出掛けては、テントを張り、食事を作ったりされるとの事です。皆川さんはそれを聞いた時、とても嬉しかったそうです。

何故なら、ロードバイクで山や海まで行って、そこでキャンプすれば、気の合う二人にとって、とても良い共通の趣味になると思われたからです。

その話を笹野さんにされますと、笹野さんは、自転車で行くのは大変そうだと、かなり渋られたそうです。しかし、皆川さんは、その後も会う度にロードバイクの楽しさを話されたらしいのです。

笹野さんは、それでもあまり乗り気になられなかったので、皆川さんはとうとう笹野さん用のロードバイクを購入されて、プレゼントされたそうです。

「流石《さすが》にそんな高価な物は受け取れないよ」

と笹野さんは断られたそうです。

「一度だけでも一緒にサイクリングに行ってよ。お願い。その為に買ったんだから、二度目はなくても良いから。お願い」

皆川さんは両手を合わせて、何度もそうお願いされたのだそうです。

その甲斐あって、笹野さんも心を決められたそうです。

「よし、分かった。一緒に旅行はしてみたいし、お盆休みも特に予定はないから、行こう」

そう言われました。

皆川さんは、とても嬉しかったそうで、早速行く場所を決められました。

目的地は、京都市内から三十五キロ程の所にあるキャンプ場にされました。そこは、バーベキューセットの貸し出しもあり、近くに温泉もあるので、二人の趣味を満たすのに丁度良い場所です。

笹野さんにその場所の話をすると、とても喜んでおられたようで、二人で休みの来るのを子供のように待たれたそうです。

そして、二人が待ち望んだお盆休みが来ました。その日は天候にとても恵まれて、サイクリング日和《びより》だったそうです。

「記念すべきサイクリングデビューひと漕ぎ目」

笹野さんはそう言ってスタートを切られました。

二人はロードバイク用のヘルメットにインカムをつけて、無線で会話をしながら走行されていました。ですから、笹野さんが疲れて来たら、皆川さんはインカムを通してそれを聞き休憩も随時取っておられました。

何回めかの休憩場所で笹野さんは、こんな事を言われたそうです。

「皆川が勧めてくれて良かったよ。こんなにロードバイクが爽快で清々しいものだとは思わなかった。誘ってくれてありがとう」

そう仰ったそうです。

皆川さんはとても嬉しく、正に生涯の友に巡り会えた事に、心から感謝されたそうです。

二人は再び走り始められました。笹野さんも運転に慣れてこられたのか、インカムで話をしながら軽快に走行をされていたそうです。

「そう言えば、子供の頃に二人で自転車に乗って……」

突然、笹野さんの話が途中で聞こえなくなり、皆川さんのインカムに「バキバキバキバキ」という音がしてきたそうなのです。

驚いて後ろを見ると、急ブレーキで車体を揺らしながら止まる大型トラックが目に映ったそうです。

「笹野、おい、大丈夫か」

皆川さんはインカムに向かって大声で叫ばれたそうです。しかし残念ながら返事が返ってくることはありませんでした。皆川さんは、その後の事を良く覚えておられないそうです。

直ぐに病院に運ばれた笹野さんは、出血が酷く、この世を去られました。

「自分が誘ったばっかりに笹野は死んでしまった。サイクリングに強引に誘った自分のせいで、生涯の大親友を殺してしまった。取り返しのつかない申し訳ない事をしてしまった」

皆川さんは、そう自分を責められました。

そうして自分を責め続けた結果、精神的な病になられ、仕事も辞めてしまわれました。そして、自ら死を選ぶ事にされたそうです。そうする事が正しい選択ではない事も理解されていたそうですが、それ以外に罪を償う方法を思いつかなかったそうです。

死を覚悟した皆川さんではありましたが、この世で一つだけしなければならない事があったそうです。それは、笹野さんが事故に遭われた現場で、手を合わせる事です。

あの日以来、自転車にも乗れず、ましてや事故現場に近づく事など出来ずにおられましたので、あの場所で手を合わせる事が出来ていなかったそうなのです。そこで皆川さんは、この世の最後にあの場所に行って手を合わせ、その後に人里離れた場所まで行って自ら命を絶とうと考えられました。

あの場所まで、どうやって行くべきかを色々と考えられた結果、やはりロードバイクで行くことに決められました。何故その選択をされたかと言うと、今生の最後に、あの日を振り返りながら、後悔の念の中で死んで行きたかったからだ、と仰いました。そして、決行の日を事故のあった丁度一年後、お盆休みの日と決められたそうです。

そしてとうとう、その日を迎えられました。あの日、笹野さんが自転車をひと漕ぎされた時の顔を思い出し、懺悔《ざんげ》の中でスタートされました。しかし、フラッシュバックするあの日の記憶が、恐怖に変わって、激しく足が震えたそうです。

この世で一番辛かったあの日を再現し、苦しみの罰を自身に課しながら自転車を漕ぎ続けられました。一切、休憩もせずに、まもなくあの事故現場にたどり着こうとしたその時のことです。

「急にペダルが重くなったんです。それで振り返ると……」

皆川さんは、泣きながらお話しくださいました。

振り返られたその先には、笹野さんがロードバイクを漕いでおられる姿があったそうなのです。そして、笑顔で皆川さんに、こう言われたそうです。

「過去に囚われるな。しっかりとペダルを漕いで、俺の分まで前に進め。俺はいつもお前と一緒にいるから」と。

思わずペダルを漕ぐのをやめて自転車を降りようとすると、再び笹野さんの声が聞こえて来たそうです。

「もう少し頑張れ、そこが新たな皆川のスタート地点だ。頑張れ、頑張れ」

そう励まされたと仰います。

そして、足に限界が来るまで漕ぎ続け、力尽きてペダルから足を下ろすと、そこはあの事故現場だったのだそうです。

もしかしたら、自分が苦しみから逃れたくて見た幻覚、幻聴かもしれないとも思われたそうですが、そうではないと確信する出来事があったらしいのです。

涙を流しながら事故現場にいると、突然携帯電話が鳴り始めたそうです。自宅に携帯電話を置いて出たつもりが、何故かポケットに入っていたそうです。そして携帯電話を見ると、笹野さんの弟さんからの着信でした。

電話に出ると、弟さんからこんな話を聞かれたそうです。

「昨夜、仕事が終わるのが深夜になり、帰宅後にお風呂にも入らずに寝たんです。何時頃かは分からないのですが、突然、何処からか笑い声が聞こえて来ました。その声の方を見ると、ふわっとした光に包まれた兄が立っていました。そして私にこう言ったんです。

『相変わらず仕事頑張ってるね。応援してるぞ。そんな忙しい中、申し訳ないけど、皆川が責任を感じて苦しんでいるから、励ましてやって欲しい。何もお前に責任はないと伝えて欲しい。趣味のロードバイクもこれからも続けてくれと言っておいてくれないか』

そう言われたのだと、電話をかけて来られたそうです。

この事があってから、皆川さんは交通安全のボランティア活動に参加されたり、交通事故を無くす為の活動をされるようになられたそうです。

どんなに気をつけていても事故は避けられない時があります。今回の笹野さんの事故は、過去や前世で悪い事をされた報いなどではありません。ただ、偶然が重なって不幸な事故になっただけです。ですので、人間の知恵では、その縁がどのように繋がってしまったのかまでは分かりません。ただ言えます事は、亡くなられた方は、残された人の事を心配し、見守って下さっている事だけは間違いのない事実だということです。

ケチ爺

私が以前、あるコンビニエンスストアに入ったときのことです。ある初老の男性が、タバコを買いに来られていました。

「○○タバコくれるか」

男性がタバコの銘柄をレジの女の子に伝えられました。するとレジの女の子が、

「すみません。○○タバコだけ今切らしているんです」と申し訳なさそうに謝られました。

すると、この男性は烈火のごとく怒り出されたのです。

「なんで俺の吸いたいタバコだけが置いてないんだ」と大声を出しながら、レジのテーブルを叩かれるのです。

私は男性に声を掛けました。

「大丈夫ですか。何か欲しい物が無かったのですか」

そう聞きますと、

「俺が欲しかった○○タバコだけがないとはどういう事だ」

と怒っておられました。

それを聞いた私は、この方が可哀想になって、まるで小さな子供さんのように思えてしまいました。

「分かった分かった、それじゃあ、一緒に行ってあげるから、他のコンビニに欲しい物がないか探してみようね」と、まるで幼子をあやすように、その方の背中を摩《さす》りながら言っておりました。

すると男性は、顔を赤くされて「もういい。自分で探しに行く」と言ってお店を出て行かれました。

私に悪気は全く無かったのですが、後になって思うと、恥をかかせるようになってしまい、申し訳なく思いました。

しかし、子供さんであれば「自分が欲しいお菓子がない」と言って駄々を捏《こ》ねても仕方がないと思えるのですが、大の大人が、自分の欲しいタバコが売り切れていたからといって怒るのは、恥ずかしい事のように思えます。

そんな事を考えていると、その様子を見ていたレジの女の子が話しかけて来られました。

「助かりました。有難うございます」

そう言って頭を下げられました。私は意図せず彼女を助けた形になったのです。

「いえいえ、思わず声をかけてしまって」

私は恐縮と恥ずかしさで、頭を下げ返すと、彼女がこう言って来ました。

「怪談和尚の三木大雲住職ですよね」

どうやら私の事を知ってくださっていたのです。

そしてどうやら彼女は怪談が好きなようで、私の書籍などもご存知でした。

この事がきっかけで、私がこのコンビニエンスストアを利用させて頂く度に、色々なお話をさせて頂くようになりました。

当時彼女は高校一年生で、お名前は吉岡夏帆さんと仰います。ご両親は、関西で小さな飲食店を営んでおられます。時にはご両親と一緒に、私の怪談ライブにも来てくださったり、吉岡さんのお店に招いて頂き、お食事を頂いたりするようになりました。ここまでは、まだ世の中にマスクをしている方が少なかった時のお話です。

それから二年ほどが経ち、日本にもコロナが入って来た年の事です。

高校三年生になられた夏帆さんから、ある日電話を頂きました。いつも明るい夏帆さんが、この日は少し落ち込んでいるような声をされていました。

「三木住職、最近ちょっと両親の様子がおかしいんです」というのです。

どんな風におかしいのかをお聞きしました。

「私は今まで、あまり両親が喧嘩をしたところを見た事がないんです。でも最近、お店に立っていても、どうも二人が目を合わせないんです。どうやら何か喧嘩をしているようなんです」

そう教えてくださいました。

「そうですか、何か嫌なことでもあったのかな。私もまだ忙しい日が続くので、時間が空いたら、またお店に寄ります。その時に、ご両親にお話を聞いてみますね」

そう言って、電話を切りました。

それから一、二週間して、また夏帆さんから電話を頂いたのです。

「三木住職、どうやらお父さんとお母さんは、お店が上手く行ってなくて喧嘩してるみたいです。それと、私、お父さんに呼び出されて酷い事を言われたんです」と少し怒っておられる感じで言われるのです。

「酷い事ってどういう事ですか」

細かくお話をお伺いしました。

実は夏帆さんは、小学校の四年生位の頃から、将来医療関係の仕事をしようと考えておられたそうです。ですから中学校でも高校でも頑張って勉強して、いつも成績を上位に維持しておられたそうなのです。

「いずれ私は医学関係の大学に進むんだ」

そう思って今まで頑張っておられました。

ですから、自分が将来行きたい大学まで決めておられたそうなんです。それを理解されていたご両親は、頑張って目指す大学に行きなさいねと、子供の頃から何かにつけて「勉強頑張ってるか」と、応援されていたそうです。

そう言われるのが嫌ではなかった夏帆さんは、「頑張って勉強してるよ」といつも明るく答えておられました。そして、とうとう、大学受験のこの年を迎えられた訳です。

しかし先ほど、お父さんに呼ばれた夏帆さんは、こう言われたそうなんです。

「夏帆ちゃん、今まで本当に一生懸命勉強してきた姿をお父さんもお母さんも見てきたし、どうにか希望の大学に入れてあげたいと思ってたんだけど、コロナになってあまり補助金も出ず、夏帆ちゃんの入学金や授業料を払ってあげられないかもしれない。だから今まで頑張ってきてくれたけど、もしかするとお金のかからない大学の方に行ってもらわなくちゃいけないかもしれない」

そんな話をされたと言うのです。

私が知る限り、ご両親のお店は、立ち上げ資金の返済がまだ残っておられ、お店がある場所の自治体からは、この時期はまだ休業補償金がほんの少ししか出ない状態でしたので、無理もありません。

夏帆さんは、電話で私に「酷いと思いませんか」と仰るのです。

「いやいや、でもですね、ご両親のお気持ちも、コロナという事情も分かります。それに、希望の大学に行かなくても、他のところに行って新たな良き縁が出来る事だってありますから」

私も直ぐに掛けて差し上げられる言葉が見当たらず、その場を取り繕うようにそう言いました。夏帆さんはお礼を言って、電話を切られました。

後でお話を伺いますと、夏帆さんはその日、心の整理をする為にも、近くの一軒家に住む祖父母の家に行かれたようです。

吉岡家では、数週間前にお祖父さんがお亡くなりになった所でした。ですから夏帆さんが来てくれて、お祖母さんは大変喜んでおられたそうです。

「夏帆ちゃん来てくれてありがとう。お祖父ちゃんのお仏壇に手を合わせてあげてね」

そう言われて、夏帆さんは仏間に行って、手を合わせられました。じっと手を合わせながら、生前のお祖父さんを思い出されていたそうです。

「そう言えば、お祖父ちゃんは、生前からケチ爺と言われて、ご近所さんも私自身もお祖父ちゃんの事をケチだと言ってきた。でもお祖父ちゃんだけじゃなかったよ。お祖父ちゃんの息子のお父さん夫婦もケチです。私を大学に入れられないって言ってるもん」

普段ならそんな事を思いもしない夏帆さんでしたが、この時は、怒りに任せて思わずそう思ったそうです。

お仏壇への報告を終えると、夏帆さんはお祖母さんにも報告をされました。

「お祖母ちゃん聞いて。私はこれだけ頑張ってきたのに、大学に入れるお金がないって言われた」

「そうか、そうか、何か助けてあげたいけどね。力になれずごめんね。お祖父ちゃんはあれだけケチ爺って言われて来たけど、稼いだお金を何に使っていたんだろうね」と、夏帆さんに同情されたそうです。

それにしても、お亡くなりになったお祖父さんは、何故ここまでケチ爺と呼ばれておられたのでしょうか。それには次のような理由があったのです。

例えば、町内のスーパーで買い物をする時に、レジで値切り交渉をしてみたり、町内会費まで値切ったりと、隣近所ではお金を出し渋っていたそうです。夏帆さんと買い物に行って「お祖父ちゃん、飴買って」といわれても、「家に氷があるから、それで我慢しなさい」と、孫の夏帆さんにすら、何も買ってくれなかったそうです。

近所の方にも、夏帆さんにも、お祖父さんはケチ爺とずっと呼ばれておられましたが「俺は俺、他人は他人。誰にケチと言われても、気にしないで生きていくよ」と語っておられたそうです。

夏帆さんのお父さんは、特に誰からもケチとは言われておられませんでしたし、事実ケチで大学の入学資金を工面出来なかった訳ではありません。しかし夏帆さんは、お祖母さんに愚痴を溢《こぼ》さずにはおられなかったようです。

夏帆さんがひとしきり話し終えると、急にお祖母さんが話を変えられたそうです。

「全く話は変わるんだけど、実はお祖父ちゃんが亡くなってから、この数週間毎日のように不思議なことがあってね」

それを聞いた夏帆さんは、先程までの機嫌の悪さが無くなり、こう聞き返されたそうです。

「もしかして怖い話？　何、何、面白そう」

夏帆さんは、私を知って下さっているくらいですから、怪談好きなのです。

お祖母さんの話によれば、一階にお仏壇が置いてあり、いつも寝る前には、お仏壇に手を合わせてから、寝室のある二階に行かれるそうです。深夜、寝ておられると、誰かが階段を上がってくる音がするそうなんです。それは、誰かが力一杯、階段を踏み締めるような音だと仰います。

しかしお祖母さんは、この音に聞き覚えがありました。それは、亡くなられたお祖父さんの足音なのだそうです。それも、明らかにお祖父さんが、機嫌が悪い時の階段の上り方らしいのです。お祖父さんは生前、機嫌が悪いとそれを知らせるかのように、ドンドンドンと足音を鳴らしながら階段を上がって来られたそうなんです。長年連れ添ったお祖母さんだからこそ、お祖父さんの機嫌が足音だけで分かるという事なのでしょう。

「お祖父ちゃん、亡くなってから機嫌が悪いみたい」

お祖母さんは心配そうに、夏帆さんにそうお話しされたそうです。

「ねえ、お祖母ちゃん、その足音が階段の一番上まで来て、そのあとどうなるの」

夏帆さんは興味津々《きょうみしんしん》で聞かれました。

「私は怖いから扉を開けないし、向こうから開けて来る事もないねえ」

「そうなんだ、姿は見てないんだ」

先程までの愚痴はすっかり消えて、夏帆さんは更に興味が湧いて来たそうです。
「じゃあ、お祖母ちゃん、今夜、泊まっても良い？　私は二階の部屋で寝てみる」
この時、夏帆さんは、もしかしたら怪奇現象を目の当たりに出来るかも知れない嬉しさで一杯だったそうです。
夜になり、お祖母さんはいつものようにお仏壇に手を合わせると、二階へと寝に行かれました。夏帆さんは一階の仏間に布団を敷いて、眠りにつかれました。

深夜何時頃のことなのか、急に夏帆さんの体が動かなくなったそうなんです。

「これが金縛りか」

夏帆さんは怪談話は好きでも、自身で体験されるのはこれが初めてだったそうです。

「体の感覚はしっかりとあるのに、体が全く言うことを聞いてくれない」

比較的恐怖心は無く、今の自分の状況を冷静に観察されていたそうです。

そんな事を考えていた時、「カタ、カタ、カタ、カタカタカタカタ」という音が足元の辺りから聞こえて来ました。そしてその音は段々と早くなって「コトッ」と、何かが床に落ちたような音がしたそうです。その音がして直ぐ位に金縛りは解けたそうです。

金縛りが解けた後、急に夏帆さんに恐怖心がやって来たらしいのです。ですから、目を瞑《つぶ》って、そのまま朝になるのを待たれました。

朝になり、明るくなってから部屋を見ますと、床にお祖父さんのお位牌が落ちていたそうです。あのカタカタした音は、仏壇の中でお祖父さんのお位牌が動いていた音だったようです。それがやがて、仏壇から飛び出して落ちたのです。それを見た夏帆さんは、こう思ったそうなんです。

「これを見て分かった。これは、お祖父ちゃんが怒っている。お祖母ちゃんの聞いたあの足音も、怒っている時のものだと言っていたし」

お祖父さんは亡くなってから、何かに対して怒っているに違いないと夏帆さんは確信しました。

お祖母さんと朝食を頂きながら、早速この事を話されました。

「やっぱりそう思う？　でも、お祖父ちゃんは何を怒っているのかしら」

お祖母さんには思い当たることが無かったそうです。

二人で色々と考えた結果、夏帆さんがその理由に思い至られました。

「もしかするとお祖父ちゃんが怒ってる理由、私かもしれない」

夏帆さんの予想では、お祖父さんは、ケチ爺と呼ばれる程ケチだったので、大学に入りたいと言っている自分に対して怒っているのではないか。要するに、大学入学資金などを死後もケチっているのではないかと仰るのです。

「いやいや、いくらなんでも孫の夏帆ちゃんの大学資金で怒っているとは思えないけどね」とお祖母さんは仰ったそうですが、夏帆さんは間違いないと確信を持っておられました。そして、怒って家に帰られたそうです。

その後、お祖母さんは一人になって、お仏壇に手を合わせ、「お祖父ちゃん、本当に夏帆ちゃんの言う通りなら、絶対にやめてね」、そうお願いされたそうです。

しかしその日の夜、やはりお祖母さんが寝ておられると、深夜、階段をドンドンと音を立てながら上がってくる足音が聞こえて来ました。明くる朝、その話をまた夏帆さんにすると、「分かった。もう一晩だけ私泊まっていい？」と言ったそうです。そして「私、直接お祖父ちゃんに文句を言う」と、腹の立っていた彼女は、そうする事に決めたそうです。

そして夜になり、一階の仏間で寝ていると、やはり金縛りにあわれました。

「今日もお祖父ちゃんが来たな」

体は動かなかったそうですが、目だけは動いたので、部屋の中を見られる範囲で見たそうです。すると、足元の方にある、お仏壇の辺りに何となくおかしな雰囲気を感じられました。ずっと見ていると、仏壇の横にある襖《ふすま》が、音もなくスーッと開いたらしいのです。そこには小さな影があり、よく見ると、その影は何とお祖父さんだったそうです。

お祖父さんは、下を向いてダランと立っておられて、暫くすると、音を立てる事なく部屋の中に入って来られました。そして夏帆さんの横に立って、上から見下ろすような形で夏帆さんの顔を覗き込んで来られたというのです。流石の夏帆さんも、この時は怖いと感じたそうです。

そして、目が合ったその瞬間、お祖父さんが信じられない言葉を発せられました。

「アホの夏帆、アホの夏帆」

そう訴えるように言って来られたというのです。

それまで怖いと思っていた夏帆さんでしたが、恐怖は消え去り、腹が立ってきたらしいのです。そして、こう言い返したと言います。

「私はアホじゃない」

そう言った瞬間、お祖父さんの姿が消えて体も動くようになったそうなんです。

朝になって、夏帆さんは昨夜の出来事をお祖母さんにお話ししました。

「本当にお祖父ちゃん、そんな酷い事言ったの？」

お祖母さんはいくらなんでも、流石に信じられないと言われました。

お祖父さんは、確かにケチ爺と言われていたけれど、お金以外の事では人気があったのです。朝早くから町内のゴミ拾いをしたり、ボランティア活動に参加したりされていました。だからこそ町内会費などを値切っても、笑って許されていたのでしょう。それだけにお祖母さんには、夏帆さんの話が信じられなかった様です。

夏帆さんは、今回の事が余程ショックだったのでしょう。「当分、この家には来ない」と言って帰ってしまいました。

その夜、お祖母さんは、二階の寝室で布団に入りながら、色々と考えたそうです。

「お祖父ちゃんは、本当は何を言いたかったんだろう。もし夏帆ちゃんの言う通りなら、私が一言、お祖父ちゃんに言ってやろう」

そう思って眠りにつかれたそうです。

やがて深夜になると、やはりあの階段を上ってくる音がして来ました。

「ドン、ドン、ドン」

機嫌の悪い時のお祖父さんの足音です。一階から一段ずつ近づいてくるその足音を聞いている内に、お祖母さんは「今こそ、お祖父ちゃんに一言文句を言ってやろう」、そう思ったそうなんです。

間も無く一番上まで足音が来たその瞬間、お祖母さんは、襖を力一杯開けました。するとそこには、うなだれた格好のお祖父さんが立っていたそうです。

その姿を見て、今まで文句を言ってやろうと思っておられたお祖母さんは、流石に怖くなって腰が抜けたそうなんです。それでも力を振り絞って、声を掛けられました。

「お祖父ちゃん、こんな所に出てきてどうしたの」

声を震わせながらそう言うと、お祖父さんはじっとお祖母さんの顔を見て、こう言われたのです。

「あほのかほ、あほのかほ」と。

それを聞いたお祖母さんは、それまで震えていたにもかかわらず、そういうことかと納得されました。

「お祖父ちゃんごめんね、ごめんね」

そう言うと、お祖父さんは笑顔になられて消えていかれたそうです。

朝になると、直ぐにお祖母さんは、夏帆さんに電話をかけられました。

「夏帆ちゃんかい、お父さんお母さんと今すぐ一緒に家に来てちょうだい」

何か慌てた様子のお祖母さんに、只事ではないと、すぐさまご両親を連れてお祖母さんの家に行かれました。

「お祖母ちゃん、何があったの、大丈夫？」

夏帆さんが声を掛けながら家に入ると、お祖母さんも待ち侘びた様に、部屋の中に皆を招き入れられました。

「昨夜、いつもの様にお祖父ちゃんが出てきたのよ。それでね、お祖父ちゃんがこう私に言ったの。アオノカゴ、アオノカゴって」、そうお祖母さんが言われました。

夏帆さん一家は、一体何を言っているのか分かりません。お祖母さんは話を続けられました。

「お祖父ちゃんは生前、入れ歯も高くて作るのが勿体ないからって、作らなかったのよ。だから時々口から空気が漏れて、何を言っているのか分からない時があったでしょう。私はお祖父ちゃんと長年連れ添って来たからこそ分かるんだけど、アホの夏帆って言ってるんじゃなかったよ。よく聞くと、アオノカゴ、青の籠って言ってたの」

この時点で、納得されているのはお祖母さんだけでした。

「青の籠ってどういう意味？」

夏帆さんが聞かれました。

詳しくお祖母さんにお話をお聞きすると、実はお祖父さんは、時々お仏壇の下にある物入れの所から、何かを出し入れしておられたそうです。それが、青い籠だったと仰るのです。

入れ歯のないお祖父さんは「青の籠」と言っておられたのです。しかし夏帆さんには、大学資金の話もあったので、タイミング的なものも重なり「アホの夏帆」に聞こえた、そうお祖母さんは仰る訳です。

「という事は、お祖父ちゃんは、青い籠を見て欲しいって言ってたってこと？」

「そう、きっとそうよ」お祖母さんは、まるで子供のように興奮されていたそうです。

お祖母さんと共に、皆で仏壇のある部屋に行き、仏壇の下の物入れの扉を開けられました。するとそこには、青い籠が入っています。その籠の中には、百円ショップで売っているような薄いノートが一冊入っていました。そして、その表紙には「もしも私が死んだなら」と書かれていたのです。

そのノートを一ページ捲《めく》りますと、そこにはこう書かれていました。

息子夫婦へ

これから先、世の中何が起こるかわからない
もしかするとお金に困る事態があるかもしれない
そういった時にはこのお金で乗り切りなさい

二ページ目には

可愛い孫の夏帆ちゃんへ

夏帆ちゃん、もしかするともう結婚してるかもしれない
どうなってるかわからないけれども
夏帆ちゃんがもしお金に困るようなことがあったらこれを使ってね

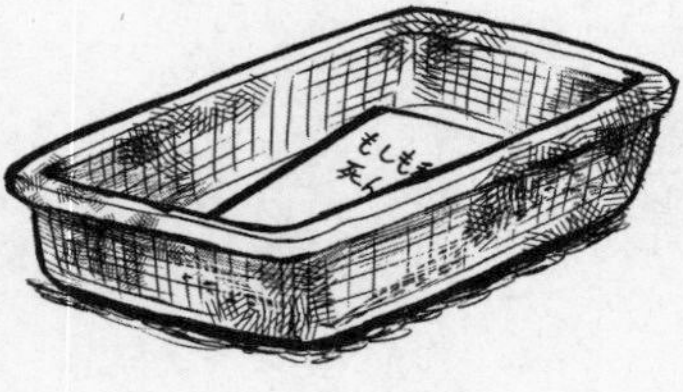

次のページには

愛する妻へ

生前、何も贅沢させてあげられなかったけど
もしよかったらこのお金で贅沢してください
今までありがとう

そしてこのノートの下から、一冊の通帳が出てきました。そしてその通帳には数千万円の貯金が入っていたそうです。

お祖父さんは「世間からどんな風に言われても別に良い、俺はケチなんだ」、そう仰っていましたが、実は息子夫婦や孫、奥様にお金を残す為に、敢えてケチをされていたという事です。

その後、このお祖父さんの残して下さったお金で、ご両親のお店も維持が出来て、夏帆さんも希望されていた大学に入学されました。

夏帆さんが入られた医療系の大学というのは、提出するレポートの数も非常に多く、一般の大学と比べて勉強時間がたいへん長いそうなんです。ですから、夏帆さんに勉強がしんどくないですかと、お聞きした事がありました。すると夏帆さんは、こう教えて下さいました。

「辛いとか、しんどいとか、大学へ行って一回も思ったことないんです。たとえレポートの量が多くて、明日出しなさいって言われて、その日どうしても徹夜をしなくちゃいけないような状態であっても、私は大学で学ばせて貰っているという感謝しかないです。お祖父ちゃんが、世間から嫌な事を言われながらも我慢をして、自分の買いたい物も買わずに、私を大学に入れてくれたんですから。なのに私がしんどいとか辛いとか言うのは、もう贅沢ですものね。本当に毎日感謝して生活しています」

そう仰いました。

夏帆さんは、亡きお祖父さんから、毎日感謝して生きるという、大切な事を教わりました。この思いは、後の夏帆さんの人生で、たとえ苦しく辛い事があったとしても、それを乗り越えるだけの力になると思います。

最後にお祖母さんですが、お祖母さんも一つだけ贅沢をされたそうです。

「どんな贅沢をされたのですか」とお聞きしますと「亡くなったお祖父ちゃんの為に、入れ歯を作りました」、そう言って笑っておられました。

今でもお祖父さんの仏壇に行きますと、その新しい入れ歯が仏壇の前に置いてあります。これがお祖母さんのされた贅沢なのだそうです。

追いかけて来る人

人間の感じる恐怖には、色々なものがあります。例えば、高所恐怖症、閉所恐怖症、先端恐怖症など、本によれば、恐怖症は数百種類以上あるそうです。変わったものでは、ピーナッツバター恐怖症というものがあり、ピーナッツバターが上顎《うわあご》にくっつくのを恐れるという症状だそうです。

そんな中、大抵の方が怖いと感じるのではないかと思えるのが、追いかけられるという恐怖です。恐怖症というものとは少し違うかも知れませんが、映画などでも逃げ惑う人々の姿は、恐怖を感じるシーンのひとつです。

今回は、そんな追いかけられる事から始まるお話です。

ある女性が、帰宅途中の夜道を歩いておられました。すると背後に人の気配を感じ、振り返ると、そこには外国人の男性が歩いておられたそうです。行き先が同じなのかと、特に気にせずまた歩き始めると、気のせいか背後の足音が少し早くなったそうなのです。再び振り向くと、先程の外国人の方がこちらに向かって走り出されたそうです。

女性は恐怖を感じて、走って逃げ出されました。しかし、どんなに走っても男性の足音は遠ざかる事なく追って来ます。

「どうしよう、追いつかれる」

そう思った瞬間、目が覚めたそうです。外国人男性に追いかけられる夢を見ていたのです。

夢だったので安心はしたものの、全身汗をぐっしょりかいておられ、息も上がっていたそうです。夢ではなく、まるで現実に走っていたかのような感覚だったと仰います。

私にも同じような経験がありますし、似たようなお話は時々お聞きします。しかしこの女性の場合は、これだけで終わらなかったのです。

彼女がこの夢を初めて見られてから、数日後、再び全く同じ夢を見たそうです。仕事で疲れているのか、体調が悪いのかなど、ご自身で色々と原因を考えられたそうですが、思い当たる事はないのだそうです。

それからまた数日後、再びこの夢を見られたらしいのですが、今度は少し違う部分があったと仰います。

夢の中の彼女は、いつものように帰宅途中の夜道を歩いておられると、外国人男性に追いかけられます。しかし今回は逃げている時間が長く、なかなか夢から醒《さ》めなかったそうです。そして、逃げていて追いつかれるかもと思っていると、突然その男性が大声で笑い始めたと仰います。大声で笑う声は「あははは」という感じではなく、大爆笑しており、引き笑いをしながらも追いかけて来たらしいのです。寝るのが怖い、謂わば就寝恐怖症といっても良いような状態にまでなられました。こうなると、仕事にも支障をきたすようになるので、明日にでも病院に行こうと考えておられた、その日の夜の事です。

彼女は寝るのが怖いので、椅子に腰かけたまま、寝ないように頑張っておられました。しかし、いつの間にか寝てしまわれていたようです。

夢の中では、また外国人男性に追いかけられます。逃げている内に、男性は大爆笑をし始めます。そして今回は、とうとう追いつかれて、腕を摑まれたそうなんです。今回はそこで目が醒めて、気がつくと朝だったそうです。今日は椅子に座りながら寝てしまったのかと、椅子から立ちあがろうとした時、腕に痛みを感じられました。この痛みは、夢の中で外国人男性に腕を摑まれたからなのか、椅子に腰かけたまま慣れない体勢で寝てしまったからなのか、もう現実と夢の境界もはっきり分からなくなって来られたと仰います。

その日、有給休暇を取って病院に行かれましたが、悪夢の原因はストレスではないかとの診断だったそうです。しかし、これといった原因は分からないままとなりました。そこで、藁《わら》をも摑む思いで、私のお寺に来られ、ご祈禱《きとう》をお願いされました。

　ご祈禱を済ませてから、私は彼女に引っ掛かっている事を質問させて頂きました。

「追いかけて来られる方が、何故、外国人男性だと思われたのですか。そしてその追いかけて来られた方は、何か危害を加えようとされているのですか」

　この二つの質問をしました。

　ひとつ目の質問に関しては、追いかけられる前に、振り向いた時、黒人男性である事がはっきりと見えたとの事でした。そして二つ目の質問に対しては、少し首を捻《ひね》りながら、こう答えてくださいました。

「一般的な考え方だと思うのですが、薄暗い道で、男性が声も掛けずに突然走り出して、挙句の果てには爆笑しながらって、何となく危害を加えられそうに感じたんですが……。何故そのような事を聞かれるんですか」

「いや、何となく追いかけて来られる男性が優しくて善い方だったら良いなと思っただけです」

　私がした質問は、特に意味はなく、ただ気になっただけでした。

　三日ほどして、彼女からご連絡を頂きました。その内容は驚くべきものでした。

　それは、私がご祈禱をさせて頂いた翌日の事だったと仰います。

その日、彼女は何とか会社に出社して仕事をされていました。前日、有給休暇を取られていましたので、心配した仲の良い同僚の方が、何かあったのかと尋ねて来られたそうです。

退社後、その同僚と共に外食に出掛けられました。そこで、夢のお話を全てされました。すると、きっとストレスのせいだと言われ、海外旅行に行こうと誘ってくださったらしいのです。この同僚の方は、英語が話せるという事もあり、よく海外旅行に行かれるそうです。

それもいいかもしれないと思った彼女は、今度一緒に計画しようと同僚と盛り上がって、その日は帰宅されました。その帰宅途中の事だったそうですが、一人で夜道を歩いていると、背後で人の気配がしたそうです。振り返るとそこには、黒人の男性が歩いておられたそうです。

彼女は背筋がゾッとしたそうです。いつも見る夢とシチュエーションが全く同じだったのです。

「逃げなくちゃ」

そう思って走り出すと、夢と同じく黒人男性も走り出されたそうです。そして、後ろから大爆笑する声が聞こえて来たというのです。

「これは夢じゃない。現実だ」

そう思って全力で走られたそうですが、やはり夢と同じく追いつかれてしまい、片腕を掴まれたそうです。すると黒人男性は、彼女の腕を引っ張って、また先に走り出しました。

「このままどうなってしまうのだろう。どこに連れて行かれるのだろう」

もう抵抗する力は残っていなかったそうです。すると腕を掴んでいる黒人男性が、しきりに英語で何か言っておられるのが聞こえて来たと仰います。あまり英語が得意ではない彼女は、その言葉の意味までは分かりませんでした。

しかし「Run to the police」と、彼女の耳にそれだけがはっきりと聞こえたそうです。

「ポリス？　警察？」

どういう事なのか分からないまま、大通りに出たそうです。そしてその近くにあった交番に連れて行かれたというのです。交番の中で呆気《あつけ》に取られていると、沢山の人の悲鳴が聞こえ、外の通りで警察官が誰かを取り押さえている光景が目に飛び込んできたそうです。取り押さえられている人は、手に刃物を持って、大笑いしながら何かを叫んでいたと言います。

暫くすると、先程別れた同僚から携帯電話に着信があり「帰って行った方で何か悲鳴のようなものが聞こえたけど大丈夫？」と安否を心配する電話だったそうです。

今交番にいることを伝えると、すぐに駆けつけてくださったらしいのです。

そこで、同僚が通訳をしてくださり、黒人男性とお話し出来たそうです。

その黒人男性が歩いておられると、そこに刃物を持った男が現れ、突然、彼女目掛けて走り出したので、その前に彼女に追いついて、助けてくださったのだそうです。そして、夢で見たあの大爆笑は、黒人男性ではなく、その後ろから走って来ていた刃物を持った男によるものだったのです。

夢の通りの出来事に興奮した同僚は、その話を黒人男性に伝えたようで、男性もとても驚かれていたようです。

その後、助けてくださったお礼に、一緒にお食事に行かれたそうです。そしてその時に、黒人男性の国で、悪夢を見る人用のお守りを頂いたそうです。それは「ドリームキャッチャー」というものなのだそうです。

この事がきっかけで、お二人はお付き合いをされる事となり、間も無く結婚される予定だそうです。正にドリームキャッチャーのご利益があったということですね。

第二章

「神仏を尊び、神仏を頼らず」

これは、宮本武蔵さんのお言葉です。

「人事を尽くして天命を待つ」という言葉もありますが、正にそうなんです。

仏様という存在は、崇め尊ぶだけの存在なんです。

どういう事かと申しますと、先ずは、自分のことは自分で頑張るしかないのです。そして、頑張って頑張ってやり尽くした結果、足りない部分を神仏に補って頂くのです。

ですから、お願い事ばかりするのではなくて「どうにか私はここまで頑張ります。倒れるギリギリまで頑張りますので、どうか後の足りない分はお助け下さい」、こう考えるのが正しいのだと思います。

仏様は、いつも近くで私たちを見守って下さっています。今が苦しく辛いのは、仏様や神様が見捨てられたとか、その存在が無いからでは決してありません。ですから、苦しい時も幸福な時も、神仏を尊ぶのは大切なことです。自分が成長してくると、物事は必ず好転して来て、その後もうまく事が運ぶ時期を迎えます。

ですから「この世に仏様や神様がいたら、不幸な人は存在しない筈《はず》だ」

という方は、努力しない人間も、神仏のご加護を頂けるのだと勘違いをされておられる訳です。この考え方は、仏教で言えば「欲」に当たります。「楽をしよう。贅沢をしたい」と考える人は、なかなか神仏のご加護からは遠いでしょう。

今、しんどいな、辛いなと思っている方、苦しいことが重なってしまった方、それはもしかすると、先に訪れる幸福の為に必要な苦労なのかも知れません。仏様が、「今、あなたに必要なものは、ここを我慢し、乗り越えることで、乗り越える力や考え方を身につけることなのです」、そう思って今は手を出さずにおられるのかも知れません。

「今の苦労を頑張って乗り越えていこう。その先には必ず神仏の助けがあるのだ」というふうに考えて頂けたら、幸福への一助となると思います。

あの日の出来事

「何となく嫌な感じがする」

根拠なき嫌悪感、根拠なき恐怖というものを感じる方がおられます。

例えば、ホテルに宿泊する際に「何となくこの部屋は嫌な感じがする」、そう思いながらも宿泊すると、その晩、金縛りにあったり、霊を見たりなどの恐怖体験をしたというお話をお聞きする事があります。

こういった方々の体験は、ひとつには、気のせい、即ち勘違いの可能性があります。しかし、体験後にホテルの方にお話を聞くと、宿泊した部屋で以前、どなたかがお亡くなりになっていたという事も実際少なからずあります。

不思議な体験が事実に裏付けられるような場合、人は何故、事前にその恐怖を感じるのでしょうか。

科学的な実験で、次のようなお話をお聞きした事があります。怖い体験をしたり怖い気配を感じたりした時に、少し体温が下がるそうです。怪談を聞いて、背筋が凍ると言われますのも、この現象だそうです。

では何故、体温が下がるのでしょうか。これは、危険や恐怖を感じた時に、体温を下げる事で、危険を避ける為だそうです。敵に体温を悟られない、即ち、存在を出来るだけ消す為という事なのです。

もしかすると、備わった野性の勘が鋭い人には、こういった事があるのかも知れません。

さて、今回は、北海道から沖縄まで、自転車で旅をされた、鎌田さんという男性の方からお聞きしたお話です。

鎌田さんは、大学に通っておられたのですが、授業について行けなくなり、ある年に中退されました。親御さんからは、かなり叱られたそうで、辞めたからには人生の目標を持てるまで、実家には帰ってくるなと言われたそうです。

しかし、特に何かをやりたくて大学を辞めた訳ではありません。何か目標を持たなくてはと思うのですが、思いつかなかったので、自転車で旅に出る事にされたそうです。ご本人曰く、正直、人生の目標を得るために自転車で旅をするというよりは、ご両親の目を逸らす意味合いの方が強かったそうです。

中退されたのが梅雨の明けた七月初頭、時期的にも自転車で旅をするには丁度よい季節です。鎌田さんは、自転車を買って、札幌からスタートを切られました。函館から、青森県、岩手県、宮城県へと、順調に南に向かわれました。中学生の頃から バスケットをされておられましたので、体力には自信をお持ちだったようです。旅の途中、知らない土地の風景に感動し、途上で出会った方のお宅に泊めて頂いたり、お食事をご馳走になったりと、今までの人生では考えられない程、他人からの優しさを沢山頂かれたそうです。

しかし、自転車の旅は、勿論、楽しい事ばかりではありません。宿泊先が決まらず野宿したり、野宿の最中に大雨が降ってきたり、自転車走行中に転んで怪我をしたり、しんどい事も多くあったそうです。

そんな鎌田さんが、ある日、ひとつの山を越える時がありました。今までも幾度となく山を越えて来たのですが、この日は少し曇り空で、雨の心配があったそうです。

「もし、登りの途中で雨が降ってきたら、かなり体力を奪われる。そうなると、山を越えた頃には日が暮れて、また野宿をしなければならない」

野宿といっても、適当な場所にテントを張るという訳にもいきません。人の土地であれば、不法侵入になってしまいます。

「天気予報では、曇り時々雨、降水確率は四十パーセント。雨が降らずに山を越えられれば、宿泊する場所なり、ホテルなりを探せる時間はありそうだ」

鎌田さんは、その日のうちに山を越える事にされました。取り立てて急ぐ旅ではありませんでしたが、自分の甘さを断ち切る為に、敢えて厳しい選択をされたそうです。

実は、大学の授業について行けなくなったのは、単に授業をサボっていたからで、夜遅くまでゲームをしたり、友人と遊んでいた事が原因でした。

「正に自分は甘えていた。それを今回の旅で断ち切りたい」

鎌田さんはそう思われて、自転車で上り坂に漕ぎ出されました。

自転車の重いペダルを漕ぐ度に、自分の甘さが消えていく気がしたそうです。一心不乱に漕ぎ続けていると、突然ザーッという音がして来たそうです。恐れていた雨です。この時の雨は、徐々にではなく、一気に降って来たそうです。

ある程度予測はされておられましたので、パニックになる事もなく、体力の限界までペダルを漕ぐことにされました。視界を遮る雨の中、前に前にと進まれました。

すると、上り坂は平坦な道へと変わったそうです。

「やった。頂上付近にまで来られた。あと少し行けば下り坂に入れる。そうなれば予定通りの時間に山を越えられる」

安心しながら自転車を進ませると、やがて少し小雨になって来たらしいのです。

小雨の中、自転車を走らせていると、左の草むらに、体育座りで座っているような人影が見えたそうです。一瞬、驚いたそうですが「自分と同じで、自転車で旅をしている人かも知れない」、そう思って近くまで行き、声を掛けようとしたその瞬間、なんとなく声を掛けるのが怖く感じたと仰います。

「声を掛けるのは止めよう」

そう思って、その人影の前を通り過ぎたそうです。通り過ぎながら様子を見ると、その方は体育座りの体勢で、ただ真っ直ぐに正面を向いておられたそうです。鎌田さんは、目線が合わないように通り過ぎられました。

通り過ぎてから、何か違和感を覚えたと仰います。その違和感に気がついた時、自転車を止めて、引き返す事にされました。この時の違和感とは、体育座りをされていた人の周りには、自転車や、その他の乗り物がなかった事です。それに、鞄やリュックサックのような荷物もなかったそうです。

もしかしたら、道を間違えて峠道に入り、食べ物もなくて困っているのかも知れないと思われて、再び来た道を引き返されたそうです。雨雲のせいもあり、辺りはかなり暗くなって来ていたそうですが、それでも先程の場所まで戻られました。

暗くて細かな様子は分からなかったそうですが、確かに体育座りをしている人がおられます。もっと近くまで寄ると、歳は鎌田さんとそう変わらないか、歳下のようにも見える男性だったそうです。そして先程と変わらず、体育座りをしたまま、真っ直ぐに正面を向いておられたらしいのです。

鎌田さんは、少し離れた所から、声を掛けられました。

「あの、どうかされましたか」

体育座りの男性は、なんの反応も示されません。

もしかしたら雨も降っているので、声が聞こえなかったのかも知れないと、再び大声で声を掛けられました。

「あの、大丈夫ですか」

しかし反応がありません。鎌田さんがもう少し近づいてから声を掛けようとしたその時、男性は急に立ち上がり、両手をしっかりと伸ばして腰につけ、直立不動の体勢になられたそうです。

驚いた鎌田さんは、自転車に乗り、先程戻って来た道を引き返そうと、自転車を漕ぎ始めようとされました。雨でペダルにかけた足が滑ったその時、男性の方を見ると、何とこちらを向いて立っておられたそうです。

「急いでこの場を離れなくてはいけない」

ただただ恐怖心が全身を覆っていたそうです。しかし早くペダルを漕ごうと焦るほど、雨でペダルがうまく踏めません。

そうこうしていると背後から「ザッザッ」と雨の降る地面を人が踏み締める音が

聞こえてきたというのです。振り返ると、直立不動だった男性が、直角に太ももを上げ下げしながら、こちらへと向かって来たそうです。

鎌田さんは大声を上げながら、必死でペダルに足を置いて、漸《ようや》く自転車を漕ぎ始めました。自転車が動き出したその時、「ザザザザッ」と足音が早くなったそうです。男性がこちらに向かって走り出したのです。

振り返る事なくペダルを漕ぎ続け、どのくらい漕いだのか、急にペダルが軽くなったそうです。漸く下り坂になったようです。安心して後ろを振り返られたのですが、そこには男性の姿はなかったそうです。

山を降り切った頃には、深夜で、宿も見つけることが出来なかったそうです。しかし、たまたま比較的大きな公園があったので、そこで一夜を明かされたのですが、いつあの男性が山から走って降りてこないか、怖くて朝まで寝られなかったと仰います。

それからは、このとき程の恐怖もなく、無事に旅を終えられたそうです。

旅を終えられてからの鎌田さんは「あの山での出来事は、本当に経験した事だろうか。夢だったのではなかろうか。いやそんな筈はない、しっかりと自分の記憶の中にある」と、ご自身でも疑いたくなるようなお話ですから、ずっと気になっておられたようです。

そこで鎌田さんは、車を持っている友人に頼んで、あの山に再び行くことにされました。一緒に行く友人にこの話をすると、半信半疑という感じだったそうですが、もしかしたらその場所に遺体があるかも知れないと、変な興味を持っておられたそうです。

目的の山の峠の入り口に到着し、自転車ではとても険しかった坂道を車はいとも簡単に進んでいきます。やがて道は平坦になり、あの男性の居た場所の付近に着かれました。

車を道の端に停めて、男性が体育座りをされていた場所まで来ると、二人はとても驚かれたそうです。

そこにあったものは、小さな石碑でした。その石碑は、どうやら戦没者の慰霊の為に建てられたものだったそうです。後に調べると、まだ日本が戦争をしていた頃、この山では沢山の兵隊さんが亡くなられたそうです。

恐らく、あの男性は兵隊さんだったのではないかと、鎌田さんは仰います。

「私くらいの歳の兵隊さんが、あの山でお亡くなりになっていて、もしかすると、私のような人間に、活を入れてくださったのではないかと思いました」

これまでの自身の生き方が恥ずかしくなり、その慰霊碑に向かって静かに手を合わせられたそうです。そして、この先の平和と、人の役に立てる生き方をする事をお誓いになられたという事でした。

今の日本人を「平和ボケ」という方もおられますが、これはある意味、とても幸福な事です。この平和ボケ出来る世の中を作ってくださったのは、私たちの先人の方達です。その方々に感謝すると共に、これからも平和ボケ出来るくらいの世の中を未来に繋げられるように、どんな困難な坂道も、ひと漕ぎひと漕ぎ、進んで行かなくてはなりません。

田舎の無人寺

　私が中学生の頃、住職が住んでおられないお寺があり、夏休みに友人と二人で泊まりに行きました。沢山の食べ物をリュックに詰めて、ちょっとした冒険気分です。京都の二条駅から数時間電車に乗り、降りた駅は無人駅で、誰もいません。

　親から教えて貰った行き方には、この駅からバスに乗って〇〇という所で降り、そこから徒歩で十分ほどということでした。しかし、肝心のバス停を見つける事ができずに、友人と探し回っていました。大荷物を持ってあちこち見ていると、私たちの目の前をバスが通り過ぎて行きました。それを見てバス停の場所が分かったのですが、時刻表を見ると、一日に数本しか目的地に行くバスがなく、先ほど通り過ぎて行ったバスがその日の最終でした。これからどうしようかと困っていると悪い事は続くもので、突然雨が降って来ました。

　二人で駅舎の中に入り、雨がやむのを待つ事にしました。しかし、雨がやむ気配は一向にありません。それどころか、雷までもが鳴りはじめました。一時間近く友人とそこで時間を潰していたのですが、日は暮れはじめ、辺りは暗くなって来ました。友人と話し合い、公衆電話でタクシーを呼ぼうとしたのですが、電話番号も分かりません。

途方に暮れながらも、お寺がある方向は分かっているのだから少しでも歩こうと、大雨の中を歩き始めました。五分歩いたかどうか位で、この大雨の中を徒歩で行くのは無謀である事が分かりました。すぐに近くにあった、今にも壊れそうな木造の小屋の軒下に入りました。二人とも下着までずぶ濡れになっていました。この状況で私たちが出した結論は、ヒッチハイクをする事でした。

しかし、先ほどから殆ど車を見ていませんし、時間は午後七時を過ぎていました。それに視界が悪い大雨ですから、仮に車が通ったとしても止まってくれる事は絶望的であることも分かっていました。しかし、それ以外に方法がなかったのです。

リュックの中からお菓子を取り出し、腹ごしらえをしながら、車を待ち続けました。一時間ほどが過ぎた頃、遠くから車の走って来る音が聞こえて来ました。私たちはすぐさま道路の脇まで行って、両手を挙げて大きく振りました。

「止まって下さい。止まって下さい」と大声で叫びましたが、車は私たちに気が付かないのか、全く止まる気配もなく通り過ぎて行ってしまいました。

「やはり今夜は何処かで野宿するしかないか」

私たちは、この大雨の中でのヒッチハイクを早々に諦め、駅に戻って一夜を明かす事にしました。雨水を含んだリュックを再び背中に担ぐと、雨の降る中を歩き始めました。

するど突然、反対車線から「おーい、おーい」という男性の声が聞こえて来ました。その声の聞こえる方を見てみますと、声の主は白い車に乗った運転手さんでした。

「こんな雨の中、何処に行かれるのですか。直ぐに車に乗って下さい」

そう言ってくださったのです。

服も荷物も凄く濡れていましたので、このまま乗ると車が汚れてしまいます。少し躊躇していますと、運転手さんは車から降りて来て、私たちの荷物をトランクに入れ、後部座席に乗るよう言ってくださいました。

濡れた服のまま後部座席に乗せて頂いた私たちは、恐縮しながらも、ご厚意に甘えさせて頂く事しかできません。そんな私たちの心情を察してくださったのか、運転手さんは明るくこう言ってくださいました。

「これだけの雨の中、寒かったでしょう。遠慮なくゆっくりしていて大丈夫だからね」

友人と私は、

「本当にありがとうございます。このまま駅で野宿しようとしていたんです。助かりました」

何度もお礼を言うと、「お役に立てて良かった良かった」と運転手さんも喜んでくださいました。

そんな話をしている間に、車は動き出していました。

「寒くない？　エアコン付けようか？」

私たちを気遣いながら、運転手さんは車を何処かに向けて走らせています。

「ありがとうございます。大丈夫です。私たちは○○というお寺に行こうとしていたんですが、ご存知ですか」

私がそう聞きますと、ニコニコしながら何も答えてくださいません。その様子を見て、今度は友人が同じ事を聞きました。

「あの、すみません。僕たち○○というお寺に行きたいんですが、ご存知ですか」

先ほどの私より大きな声で尋ねましたので、聞こえていないはずがありません。しかし、運転手さんは先ほどと同様、ニコニコしながら何も答えてくださいませんでした。

私と友人が顔を見合わせて、怪訝《けげん》な顔をしていますと、車は急に左折し、その後も右左折を繰り返します。明らかにどこか目的地があって運転されているのが分かります。

「もしかしたら、運転手さんの自宅に向かってるのかな」

友人が私の耳元でそう言って来ました。

「いや、それなら何で教えてくれないのかな。もしかしたら少し耳が遠いのかな」

私たちはこの車が一体何処に向かっているのか、運転手さんが返事をしてくださらないのは、どういう理由があるのか、色々と考えました。しかし答えが出るはずもなく、車内は雨が車に当たる音と、ワイパーが忙しなく動く音だけがしていました。

ここまで三十分以上は乗っていたと思います。友人は疲れたのか、ぐっすりと寝ています。車は田舎道だということもあるとは思うのですが、ほとんど停止をせずに走っていました。一体、何処に向かっているのだろう。私は再び運転手さんに、目的のお寺の名前を言いましたが、やはり反応はありません。友人はその声に気が付いて、目を覚ましました。運転手さんは反応がないのもそうですが、ルームミラーで私たちの様子を窺われる事さえ、車に乗せて頂いてから一度もなかったように思います。

やがて車は、かなり狭い道へと入って行きました。街灯は全くなく、車のライトが照らしている所以外は真っ暗です。民家の明かりすらありません。

「こんな場所に運転手さんの自宅があるようにも思えない」

そう思った瞬間、車が停まりました。そして運転手さんが、私たちの方を振り返り、こう言われたのです。

「お疲れ様」

そう言うと、運転手さんはすごい速さで運転席から降りられました。そして、素早く後方に回り、トランクから私たちの荷物を降ろし始められました。

「えっ？」

驚く私たちに何の説明もないまま、後部座席の扉は開けられ、降りるように促されました。

「もう雨も小降りになりましたね」

運転手の男性は、相変わらず明るくにこやかな笑顔のまま、そう言われました。

辺りは真っ暗で、民家らしきものも見当たりません。私は男性に尋ねました。

「あの、ここはどこですか」

「ここがどこだか私にも分からないんです。でもお送り出来るのはここまでですので」

そう言うと、男性は再び運転席に乗り込み、どこかに車を走らせて行かれました。

私は何が起こったのか理解出来ずにいると、友人がこう言いました。

「おい、ここの石を見て」

小さなライトを持参していた友人は、お墓のように立っている石を照らしました。そこには、私たちの目的の場所、〇〇寺参道という文字が彫られていました。私たちが降ろして頂いた場所は、お寺の参道の入り口だったのです。

偶然、ここで降ろされたという事は考え難いです。確かに運転手の男性は「お疲れ様」とはっきり言われましたので、ここが私たちの目的地だと認識しておられたと思うのです。とすると、私と友人が何度も目的地のお寺の名前を言っていたのは聞こえておられ、偶然、このお寺の場所をご存知だったという事だったのでしょうか。もしそうであるなら、なぜ車内でそう返事してくださらなかったのかという疑問は残ります。この時は、正体不明の方でしたが、私は数十年後、この男性の正体を知る事になるのです。

実は、困っている時に知らない方に偶然目的地まで送って頂いた経験は、それが二度目だったのです。一度目も状況はほぼ同じで、別のお寺だったのですが、無住のお寺に友人と泊まりに行く途中でありました。しかもその時もバスに乗れずに歩いていると、豪雨が降り出し、車に乗せて頂くという、今回と全く同じ状況だったのです。実はこの時から、誰かに助けて頂いている感覚がありました。

そして、すべてを知る事になったのは、ほんの数年前の事でした。

大阪府の能勢という所に、妙見山《みょうけんざん》という山があります。その山頂には、日蓮宗霊場、能勢妙見山のお堂があります。このお山は、私が若い頃に数年間お勤めさせて頂いたお寺でもあります。

その日はたまたま近くで用事がありましたので、そのついでにと言うと叱られるかも知れませんが、車で立ち寄らせて頂く事に致しました。

時間は夕方を過ぎていましたので、山頂には誰もおられませんでした。私は妙見山のお堂に手を合わせ、若き頃にお勤めさせて頂いた事に感謝して山を降りる事にしました。

車を置いている駐車場へと参道の脇道を歩いておりましたら、「大雲さん」とどこかから声がしました。私は辺りを見回しましたが、誰もおられません。気のせいかなと、再び歩き始めますと、「大雲さん」とまた聞こえてくるのです。私はもしかすると、以前お勤めさせて頂いておりましたので、私を知っているスタッフさんがイタズラをされているのではないかと思いました。

しかし、人の気配すらありません。すると突然、辺りが薄暗くなりました。時間としては、確かに日も沈みかける頃でしたが、ここまで暗くなる事は考えられないといった感じでした。

真っ暗ではなかったので、駐車場に向かう事に問題はありませんでした。ですので少し早足になりますと、再び「大雲さん」と声がしました。その声は遠くではなく、明らかに私のすぐ隣で聞こえていました。

私は、この声に応える事にしました。

「はい、どなたか私を呼ばれましたか」

すると返事が返って来たのです。

「大雲さん、ありがとうございます」

やはり誰かのイタズラだと思い、

「あなたは誰ですか」

と尋ねました。

すると、鈴の音が「チリーン」と聞こえて、ガサガサと脇道から何かが来る音がしました。その方を見ると、何と数匹の狐がいたのです。その瞬間、何とも説明出来ませんが、一瞬にしてその狐の事を思い出したのです。

「あの時の狐だ」

あの時とは、私が小学生の頃に遡ります。

まだ祖父が元気な頃で、私は祖父が住職を務めていた田舎にあるお寺に行きました。そのお寺は自然豊かな山の中にあり、山には鹿や猪、猿や狐など、野生動物が多く棲んでいました。

そのお寺からの帰り道に、車にでも撥ねられたのか、足を怪我した狐が息絶えていました。私は祖父とともに、その狐をお寺の敷地に葬った経験があったのです。あの時の狐と、今、目の前にいる狐が一緒なわけがありません。しかし、私は何故か一緒の狐だと直感したのです。その直感は、多分とか、恐らくといったものではなく、確実にそうだという確信めいたものでした。

薄暗くなった参道の脇道で、私と数匹の狐は、声を出さずに会話をしているような気になりました。じっと狐たちを見ていますと、彼らの後ろから、一人の人間が出てこられました。しかしなぜか、私も狐たちも驚く事はなく、当たり前のようにその男性を迎え入れました。

男性は、ニコニコと笑顔を浮かべながら、深々と頭を下げられました。その男性こそが、私を二度も車に乗せてくださった、運転手さんだったのです。

私は全てを悟りました。子供の頃、祖父と助けた狐が、私が困った時に現れては、恩返しをしてくれていたのです。私は男性に頭を下げながら言いました。

「あの時は、お世話になりました」

こちらの言葉が理解できているのかどうか分かりませんが、男性はニコニコされてこう仰いました。

「あの時は、お世話になりました」

私の言葉を復唱したかのようにそう言われたのが可笑しくて私が笑うと、「キュー」という声がして、辺りはゆっくりと本来の明るさに戻りました。そして、最後に、木を叩く様な「コンコンコン」という音がしました。まるで、帰りを知らせる拍子木の様でした。

これは、私自身、本当にあったのかどうか疑いたくなるお話です。しかし、あの時の友人に、大人になってから確認したところ、ハッキリと覚えているらしく、未だに狐に化かされたようだと言っていました。正にその通りです。

狐でさえも恩返しをしてくれるのですから、人間の私たちもお世話になった方々にはもちろん、空や海、山や川、そこに棲む動物たちにも、恩返ししなくてはならないですね。

最後になりましたが、狐の鳴き声は「コンコン」ではないそうです。昔話などで狐の鳴き声を「コンコン」と表現するのは、鳴き声ではなく、木を叩く音なのだと思います。

かくれんぼ

私が蓮久寺の住職となるまでには、全国いろいろなお寺様にて、随身《ずいしん》としてお勤めをさせて頂きました。随身と言いますのは、大きなお寺に勤めさせて頂いて、勉強させてもらう事です。

するとある事に気が付きました。それは、法要の仕方などは変わらないのですが、葬儀のやり方は、その地方によって色々と違いがあることです。

例えば、愛知県には、葬儀の時に棺に火を点ける儀式をする所があるそうです。

また、山梨県の一部地域では、龍の人形で舞をしたり、京都のある地域では、お餅を人の形に切って、最後にご遺族様が食べたりするそうです。

このように、地方によって異なる風習が未だに守られている事が多くあります。

さて今回は、私の幼馴染から教えてもらった、ある地域での葬儀に関するお話です。

彼の名前は山本君と言います。とても明るく社交的な性格で、大人になった今でもその性格は変わらず、友達の多い人です。

そんな彼が、小学校の低学年の頃に体験したお話です。

ある日、母親が神妙な面持ちで、彼にこう言ったそうです。

「さっき浩二君が亡くなったんだって」

「誰それ」

この時、山本君は、母親が誰の事を言っているのか分からなかったそうです。

「冷たい子だね。ほら、小さい時によく遊んでもらったでしょ」

小さい時と言われても、今も十分小さいと、子供ながらに思ったそうです。

浩二君は彼の親戚に当たる方で、「最後にあったのは三年程前かしら」、そうお母さんが言っていたそうなので、山本君が四、五歳の時です。何をして遊んだという記憶はないが、何となく記憶にある程度の人だったそうです。

そして、山本君とご両親は直ぐに支度をして、浩二君の家に向かう事となりました。

恐らく、お寺で葬儀を行うと気も使うし、自宅で行うのも片付けが大変だしという事だと思うのですが、最近、葬儀といえば、葬儀社様の会館をお借りして行うことが多くなりました。しかし、三、四十年前までは、自宅かお寺で執り行うことが普通だったのです。

ただ、地域によっては、理由の如何《いかん》を問わず、自宅かお寺で葬儀をする所があります。今回の浩二君の場合は、その地域に属しておられたようで、ご自宅葬となったそうです。

浩二君のご自宅は、山本君のお父さんの実家だそうですが、関西でも田舎で、周りには田畠が広がっていて、子供にはとても退屈な場所にあるそうです。しかし、家はとても大きく、築年数も百年は優に超える、所謂《いわゆる》、旧家です。

家に入ると、大人が大声で泣いているのが聞こえて来たそうです。そして村の人達が沢山集まっておられ、皆、口々にお悔やみを言われていました。

大きな声を出して泣いていらしたのは、浩二君のお母さんです。浩二君は、中学一年生という若さで、病気の為に突然この世を去られました。まだお若い事、突然のお別れだった事、そして何より、親の自分よりも早く先立たれた事は、名状し難い程の悲しみがおありだったと思います。

山本君一家が到着した夜、枕経《まくらぎよう》という亡くなられた日にお読みするお経をお坊さんが来て唱えられました。

次の日は、お通夜が行われました。お坊さんの読経が、何十分と続きます。子供だった山本君は、前日からの疲れと、正直あまり覚えのない親戚のお兄ちゃんですから、不謹慎ながら睡魔に襲われたそうです。コクリコクリと頭が前後に動く度に、父親と母親から揺さぶられて目を覚ますといった具合だったそうです。

そうこうしている内に、やっとお経が終わり、次は精進落としを皆で頂かれたそうです。精進落としとは、故人を偲《しの》びながら、葬儀や法要に参列してくださった方々に御礼として振る舞うお料理の事です。

山本君も、皆に混じって食べ終えると、今度はとても退屈になって来ました。これは山本君だけでなく、他に参列していた親戚の子や村の子供、浩二君のお友達なども同じ様子でした。そこで、山本君は子供達に声を掛けて「かくれんぼしよう」と誘ったそうです。

そして、数人の子供達が集まって、この広い家の中だけでかくれんぼをする事になりました。最初の鬼役は、中学生の男の子が買って出てくれました。皆の名前が分からないので、見つけたら「見いつけた」と言って肩を軽く叩く事にしたそうです。

鬼役の中学生が、大きな声で数を数え始めました。

「いーち、にーい、さーん……」

鬼が十を数え終わるまでに隠れないといけないと、急いで皆、隠れ場所を探しに行きました。暫くすると鬼は十を数え終えました。

「もーいーかーい」

そう言うと、誰かが遠くの方で返事しました。

「まあーだだよー」

その声が鬼にも聞こえた様で、再び一からゆっくりと数を数え始めます。

その頃、山本君は、どこに隠れようかとまだ隠れる場所を探していました。その時、二階に行く階段を見つけました。二階に行って隠れようとも考えたそうですが、その時、階段の下の部分に扉がある事に気が付いたそうです。

どうやら階段の下の部分が、階段の形に沿って三角形の物置スペースになっている様でした。

「ここなら中からしっかりと扉を閉めれば見つからないかも知れない」

山本君は、階段下の物置の中に入って隠れました。荷物が入っていたので、体育座りをしないと入れず、その体勢で扉を中から上手く閉めました。するとそのタイミングで鬼が再び「もーいーかーい」と言いました。その問いに答える声がなかったので、「今から探し始めるね」と宣言してから鬼が探し始めました。

数分すると、遠くの方で「見いつけた」という声がして「見つかっちゃった」と誰かが発見された会話が聞こえてきます。またその数分後、山本君の隠れている物置の横の廊下を誰かが通る足音がしました。その足音が過ぎた後、再び「見いつけた」「見つかっちゃった」という会話が繰り返されました。

山本君は、もしかすると自分は最後まで見つからずに、鬼を降参させられるかも知れないと自信が湧いてきました。隠れている物置の横の廊下を誰かが通り過ぎる足音が何度かします。足音は、子供と大人では随分と違って聞こえます。ですから、子供の足音がする時は、息を殺すようにして、気配を出来るだけ消すようにしていたそうです。

隠れてからどの位の時間が経ったでしょうか、まだ鬼は降参しないのかなと、隠れている事に少し疲れ始めたその時、再び廊下で子供の足音が聞こえました。そしてその足音は、隠れている物置の扉の真横で止まりました。

「ここが扉だという事に気付かれたかな」

そう思いながら、息を殺して両膝を力強く抱え直したその時でした。

「見いつけた」

そう言う男の声が聞こえました。見つかってしまったかとも思ったのですが、扉は閉まったままです。

「あれ、自分が見つかったのではないのかな」

そう思ってまだ隠れていると、再び声が聞こえてきました。

「見いつけた」

しかし、扉は開きません。

皆で決めたルールでは、「見いつけた」と言った後、必ず肩を叩く事になっています。ですから山本君は隠れ続けました。しかし再び声がします。

「見いつけた」と。

この声は、明らかに扉の直ぐ向こうで聞こえます。ですから扉に向かって言っている状態だろうと山本君は想像しました。少し聞き耳を立てて、扉に耳を近づけると、「見いつけた」と明らかにこちらに向かって誰かが言っていたそうです。

ここまできて、山本君はもう一つの異変に気が付きました。それは先ほどから聞こえて来ている声の質です。最初の「見いつけた」という声から、段々と声が低くなって来ている事に気付いたのです。

「どういう事だろう」

そう不思議に思っていると、再び先ほど以上に低い声が聞こえて来たそうです。

「見いつけた」

そしてこの声は、明らかに扉の向こうからではなく、体育座りをしている自分の背後から聞こえてきたそうです。

「あれ、後ろに人が入れる程の隙間があったかな。それとも後ろにも扉がついていたのかな」

そう考えながらも、肩を叩かれるまではこのままでいようと、体育座りを続けたそうです。すると再び背後から低い声でこう聞こえてきたそうです。

「ねえねえ、もう見つけたよ」

そう言いながら、右肩をトントンと叩いて来たそうです。山本君は、少し驚いたものの、背後から入れる所があったのだろうと、体育座りのまま後ろを振り返りました。

するとそこには、鬼役の中学生が立っていました。

「やっぱりそうか」

この時、見つかってしまった残念さよりも、少し安心した気持ちが強かったそうです。

「それにしても何か雰囲気が違う」、そう感じて再び鬼役の中学生をよく見ると、そこには葬儀の時に飾られていた遺影の中の浩二君がいました。

怖くなった山本君は、再び前を向いて体育座りを続けました。すると今度は、右肩を力強く摑まれて、激しくゆさゆさと揺すりながら、「ねえねえ、もう見つけたよ」と声を掛けられたそうです。

幼かった山本君は、少しパニックになりながらも、「そうか、分かった。浩二お兄ちゃん、お経を唱えて貰ったから生き返れたのか」、そう言いながら振り返りました。すると、山本君の目をじっと見ながら低い声で浩二君はこう言ったそうです。

「いや、僕はもう死んでるよ」

肩を摑んだまま、そう答えたそうなのです。

今、ここで話をしているのに、死んでいるとはどういうことか。幼い山本君には理解が追い付かなかったそうです。そこで再び質問しました。

「死んでるってどういう事」

「僕、もう死んでるから、一緒に行こう」

そう言った浩二君は、山本君の手首を摑んで、グイグイと引っ張ったそうなんです。流石に怖くなった山本君は、全身に力を入れて大声で「やめて、離して」と言いながら、摑まれた手を思いっきり振り解いたそうです。浩二君の手が自分の手首から離れた瞬間、山本君は意識を失ったそうです。

気が付いた時には、親戚の家の布団で寝かされていたそうです。

後に山本君が両親に聞かされた話は、こうでした。

階段下の物置の中で、山本君は大声を出した後、気を失ったそうです。それに気が付いた大人達は慌てて山本君を物置から運び出し、布団に寝かせて様子を見ていたそうです。しかし、かなり熱も高かったので、救急車を呼ばなくてはいけないかも知れないと騒いでいると、その騒ぎに気が付いたお坊さんが部屋まで来られたそうです。そして、山本君の顔を見るなり、こう言われたそうです。

「これは、誰かが棺桶を開けたな。確認するから今すぐに棺桶を開けなさい」

そう言われたそうです。

お坊さんの指示通り棺桶を開けて中を確認すると、そこにあるはずの人形が取り出されていたそうです。この人形というのは、友引人形の事だそうです。

どういう事か説明しますと、殆どの地域では、基本的に友引の日はお葬式を行いません。何故なら文字通り、亡くなられた方が友達を連れて行ってしまうからです。しかし、この地域の風習では、喪主よりも歳がかなり若い人が亡くなられた場合、友引であっても葬儀を行う事になっているそうです。その際は、必ず友の代わりに、人形を棺桶に入れて、寂しくないようにして差し上げるのだそうです。

しかし今回の場合、実は、浩二君のお母さんがあまりの悲しさに、自分を一緒に連れて行って欲しいと願って、こっそりと人形を取り出してしまっていたそうです。

お坊さんは、母親から人形を受け取ると、棺桶の中に戻されました。すると、山本君の熱も、その場で直ぐに下がったそうです。

「もしかすると、浩二君は、母親を連れて行くのは忍びなく思って、僕を連れて行こうとしたのかも知れない」

山本君は最後にそう話してくれました。

最近では葬儀を行う際に、暦よりもご遺族の都合が優先されることもあります。しかし、今回の話を聞かせて頂きますと、昔から言われる暦の持つ意味を再確認しなければいけないかも知れません。

そして、今回の浩二君のご家族のように、大切な人との別れはいつ来るか分かりません。仏教では愛する者との別れを「愛別離苦」と言います。愛する人と離れなくてはいけない苦しみです。

もしかするとこの地域では、愛別離苦の苦しみを短くする為、子供が亡くなった場合は、友引であっても早くに故人を送るのかも知れません。勿論、葬儀を早くしたとしても、悲しみは変わらないのかも知れませんが。

大切なのは生きている今です。もしこれをお読みの皆さんの中で、現在進行形で喧嘩をしていたり、謝らなければならない誰かがいたとしたら、直ぐに仲違いをやめて謝って下さい。

「ごめんなさい」を言うのに、一秒も掛かりません。ですが喧嘩したまま、謝れないまま永遠の別れが来てしまったら、その後の人生が苦しいものになってしまうかも知れません。

善き別れというものはなかなかありませんが、後悔なき別れを出来るだけ目指したいと私は思います。

お酒

「お坊さんは、お肉を食べても良いのですか」

時々そんなご質問を頂きます。

答えは、「一部のお肉を除いて、食しても良い」です。

では、食べてはならない一部のお肉とは何でしょうか。

それは、人・蛇・象・馬・獅子・狗・猪・狐・獼猴《みごう》（猿）・驢《ろ》（ロバ）の十種類のお肉で、食すことが禁止されています。また、殺すところを見たお肉、お坊さんに出す為だけに殺しましたと聞かされたお肉、聞かされなくてもそのことに気が付いたお肉についても、食べてはいけません。

大乗仏教などで、全ての肉食を禁止する教えもありますが、お釈迦《しゃか》さまがお示しになったのは、正確には全てのお肉ではないのです。

次によく聞かれるご質問は、

「お坊さんは、お酒を飲んでも良いのですか」という事です。

答えは「不《ふ》飲酒《おんじゅ》という戒律がありますので、飲んではいけません」です。

しかし、命を守る為に致し方なく飲む場合が昔はありました。たとえば暖房もない時代、極寒の冬に、暖を取る場合です。その場合は、命を守る為の一時的捨戒《しゃかい》（危機回避の為、一時的に戒律を捨てること）であり、飲んでも良いことになっております。

ですので現代においては、命の危険を感じるほどの極寒地帯に行かない限り、お坊さんはお酒を飲んではいけません。何故なら、お酒に酔ってしまうと、他の戒律も破ってしまう可能性が高くなるからです。ですので禁止されているという訳です。

さて今回は、お酒にまつわるお話を聞かせて頂きましたので、紹介させて頂きます。それは、ある小さな居酒屋さんでのお話です。

その居酒屋さんは、ご夫婦で経営されており、創業三十年を超えるお店です。おでんや煮物、焼き魚や刺身など、ちょっとした料理も出すお店です。中でも自慢なのが、お茶漬けです。このお店のお茶漬けは、お米は勿論、出汁《だし》、具材まで厳選されたもので、お酒を飲まない私のような者でもお茶漬け欲しさに行くほどです。ですので、いつも常連客で賑わっています。

そんな常連客のお一人で、週に三回は来られる西原《さいばら》さんという方がおられます。お店のご夫婦は、この西原さんについて、少し困った事があったそうです。それは、西原さんがここ数年お酒に弱くなり、悪酔いするようになられたということです。

西原さんは、お店が出来た当初から来られており、まさにこのお店では一番古いお客さんです。四十代の頃から通っておられ、その頃は酒豪と言っても良いほど、お酒に強い方だったそうです。しかし、会社を定年退職される少し前から、極端にお酒に弱くなられたようなのです。

ある日、西原さんがいつものようにお店で飲んでおられると、西原さんも知っておられる常連客の方が何人か来られました。最初は楽しくお話しされていたそうですが、何がどうなったのか、突然、西原さんが大声で怒り始めたそうなんです。そしてそのまま喧嘩のようになり、最後は警察が来られるくらいにまで揉められたらしいのです。

数日後、西原さんはお店に謝罪に来られ、そのままいつものようにカウンターに座りお酒を飲んでおられました。しかし、一時間ほどが経った時、カウンターに突っ伏して寝てしまわれました。閉店時間になっても起きられないので、タクシーに無理矢理乗せて帰宅させたそうです。それからも、お店に来る度にお酒に飲まれることが続いたので、ついにご主人が注意をされたそうです。

「西原さん、ここ最近お酒に飲まれることが増えたのを自分でも分かってますよね。今度何か問題があったら、出入り禁止にせざるを得なくなりますよ」

出来るだけ優しく諭すように伝えられました。すると西原さんは、申し訳なさそうに頷《うなず》かれたらしいのです。

それからは、お店に来られてもそれほどお酒も飲まず、短時間で帰られるようになりました。ですのでご主人は少し可哀想に思われ、次に来られた時には、ゆっくりと話でもしてみようと思われたそうです。

しかしその後、西原さんは、ピタリとお店に来られなくなりました。常連客の方々も皆さん心配されたそうですが、詳しい住所や連絡先までは誰も知らず、探す事も難しい状況だったようです。

西原さんがお店に来られなくなって、半年が経とうとしていた頃、たまたま道で西原さんを見かけたという人がおられたそうなんです。その方が声をかけると、近いうちにお店に行きますと仰ったらしいのです。

それから数日後の夜、もうお客さんも帰られて、お店を閉めようとする時間に、なんと西原さんが来店されました。久しぶりに会う西原さんは、以前よりも痩せておられ、少し元気もなさそうな印象を受けられたそうです。

「西原さん、随分ご無沙汰しております。お元気ですか」

そうご主人が声をかけると、西原さんは恥ずかしそうに頭を掻きながらお店の中に入ってこられ、こう言われたそうです。

「ご無沙汰、みんな元気だったかな」と。

ご主人は以前のように元気なご様子でない西原さんにカウンターに座るよう促して、暖簾《のれん》を仕舞って、ゆっくりと西原さんと話をすることにされました。

「西原さん、あれからどうされてたんですか」

「あれから色々あってね」

そう言うと、これまでのことを色々と話されたそうです。

実は定年後、西原さんは、奥様と一緒に田舎暮らしを始めようとされていたそうです。奥様もそれを楽しみにしておられ、どこが良いかと一年かけて色々な場所に下見に行かれていたそうです。

そんなある日、いつものように西原さんが、仕事終わりに一杯引っかけて家に帰ると、玄関先で奥様が倒れておられたそうです。驚いて救急車を呼ばれたそうですが、時すでに遅く、搬送先の病院で亡くなられたそうです。死因は心筋梗塞だったそうです。

定年後、子供のおられない西原さんは、田舎で二人分の野菜が採れる畑を耕して、妻と二人だけの時間を目一杯楽しもう、財産を残す人もいないし、貯蓄してきたお金は、今まで迷惑をかけてきた妻の為に使おう、そうお考えになっていたそうです。あともう少しで定年だったのに、あともう少しで、楽しい老後を、楽して過ごさせてあげられたのにと、大きな後悔をされたと仰います。

何故、退社後直ぐに帰宅しなかったのか、何故、一本でも電話をしなかったのか。奥様が亡くなられたのは自分の責任だと、自らを責めたそうです。その後、家に帰ると玄関先で倒れていた奥様の姿が頭から離れず、家に帰ることも嫌になってきたらしいのです。

そこで、夜遅くまでお店でお酒を飲んで、酔っ払ってくだを巻き、周りの人に迷惑をかけていたそうです。

「そんな事があったのを知らずに、出入り禁止なんて言ってしまいすみません。もっと早く話をお聞きしたら良かったです」

ご主人は知らなかったこととはいえ、失礼な言い方をしたことをお詫びされました。

すると西原さんは、

「いやいや、あの時の言葉で、少しはしっかりしなくてはと思えたんです。少しずつお酒の量を減らして、禁酒しようと頑張っていたんです」

しかしそんな西原さんにも、病魔が襲ったそうなんです。

ある日、道を歩いている最中に倒れてしまい、意識を失われたらしいのです。気がつくと病院のベッドの上だったのだそうです。

「検査の結果、病名は肝硬変でした。もう死んでしまっても良いから、治療を拒否しよう。そう思いました」

明日そのことを主治医の先生に伝えようとしたその日のことだったそうです。寝ておられるベッドの枕元に、携帯電話を置いておられたそうなんですが、深夜になると、ブーンブーンとバイブレーションがあって、突然画面が明るく光ったそうなのです。

携帯電話の画面を見ると、そこには、パスワード入力画面が表示されていたそうです。もしかして手でも当たったのかと、再び寝られると、また携帯電話が振動したそうなのです。再び画面を見ると、先ほどと同様、パスワード入力画面になっており、そのまま見ていると、数字が勝手に押されて、ロックが外れそうになったと仰います。

「もしかしてコンピューターウイルスか何かで、誰かに遠隔操作をされているのか」

そう思って、携帯電話の電源を切られました。

「会社には長期の有給休暇の申請もしたし、その他には誰もかけて来ないから、このまま電源は切っておこう」

電源を切った携帯電話をベッド横にある机に置くと、再び寝られたそうです。

どのくらい寝たか、再び携帯電話の振動音で目が覚めたらしいのです。

「おかしいな、電源は切ったから動くはずはないのにな」

そう思いながら携帯電話を手に取ると、そこには「顔を認識できません」と表示されていたそうです。

壊れてしまったのかと思いながら、電源を切ろうとされたそうですが、電源を切ることすら出来なかったのだそうです。そのままずっと携帯電話の画面には「顔を認識できません」と表示され続けていたらしいのです。

そこで、一旦自分の顔を画面に映し、ロックを解除しようとしたその時、携帯電話の反射する画面に、自分ではない人の顔が一瞬見えたそうなのです。思わず振り返られたそうですが、後ろには誰もおられません。

もう一度画面を見ると、そこには、自分の顔に重なるように、亡くなられた奥様の顔が映っていたそうです。

「妻だ。妻が何か言いたがっているんだ」

そう直感された西原さんは、直ぐに携帯電話のロックを外されました。するとそこには、昔、二人で撮った写真が表示されたらしいのです。

そして携帯電話から、

「姿は見えないかも知れないけど、私はいつもそばにいるから、私の分まで健康で幸せに暮らしてちょうだい」

そう聞こえてきたのだそうです。

西原さんは現在、お酒をやめて、健康に気を配りながら生活していると、ご主人に話をされたということでした。そしてその話の最中も、携帯電話の画面が時々光っていたそうです。

現在、西原さんは、家庭菜園で採れた野菜をお店に持って来られるそうです。それを常連客の皆さんと、そして亡くなられた奥様と、楽しく一緒に食べる事が、一番の楽しみとなっておられるらしいです。

第三章

小さな子供さんが、お菓子を食べていました。するとと私の方を見て、こう言

私がじっと見ていると、目が合いました。すると私の方を見て、こう言ってくれました。

「ひとつあげる」お菓子の袋を見ると、あと二つしかありません。

「お腹がいっぱいなの？」

「いっぱいじゃないよ」

「それなら全部食べて大丈夫だよ」そう私は言いました。

しかしその子供さんは「美味しいから食べてみて」と言って、私の手にお菓子を載せてくれました。

さて問題です。この美味しいお菓子を独り占めせずに、何故この子供さんは、私に分けてくれたのでしょうか。

答えは、この後の続きの会話にあります。

「それじゃあ、頂きます」私は口に入れました。

すると子供さんは、私をじっと見ています。そしてこう聞いて来ました。

「ねえ、美味しい？　美味しいよね？」と。

「とても美味しい。ありがとう」そう私が答えると、満足そうに「でしょ」と微笑んでくれました。

この子供さんには、お菓子以上に欲しいものがあったのです。それは「共感」です。誰かに共感して欲しかったんです。今、自分の食べているお菓子の美味しさを分かち合いたくて、私にお菓子をくれた訳です。

美味しいお菓子を独り占めするよりも、誰かに分け与えて、美味しかったという体験を共有して共に喜びたかったのです。

一人で食べるのと、誰かと美味しいことを共感しながら食べるのとでは、共感があった方が、美味しく感じられると思います。そのことをその子供さんは、本能的に感じていたのではないでしょうか。

物の価値は、共感出来る仲間がいるかどうかでも変わって来るように思います。

共感とは、目に見える世界と目に見えない世界との橋のように思います。皆で沢山の橋を作ることは、人生を楽しく過ごす為に大切なことなのかも知れません。

黄色い服の女性

仏教に、末法《まっぽう》思想というものがあります。これは、お釈迦さま入滅後二千年経つと仏教が衰え、人間が善の心というものを理解できなくなり、悪が栄えて、その国がどんどん悪い方向に向かっていくという考え方です。

そうなると、最初に現れる現象として、人口が減少すると書いてあります。ですから日本は今まさに末法の世であると言っても間違いありません。その観点から見ても、子供さんは正に国の宝なのです。

今回は、赤澤さんというご夫妻からお聞きしたお話です。

赤澤さんご夫妻は、保育園に通うお子さんと三人で、あるマンションに暮らしておられます。お子さんの通う保育園までは、園バスが迎えに来てくれるので、園バスの集合場所まで行かなくてはなりません。園バスの停まる場所までは、マンションから大人の足で十分くらいかかります。園児を連れてとなると、途中抱っこなどをしない限り、十五分から二十分程かかる場合もあるそうです。ですから雨の日などは、かなり早めに家を出なければなりません。もしも遅刻してしまうと、他の園児や親御さんを待たせてしまう事になってしまうのです。そもそも、集合場所がそこに決まった理由は、園児がバスを待っている間や、乗り降りの時に安全が確保できるスペースがあるからだそうです。

赤澤さんの住まわれているマンションには、同じ園に通うお子さんが他にも複数おられます。

「もう少し近くに良い場所はないものかな」と、奥さんから相談されたご主人は、近くで探してみる事にされました。

するといつもの人通りの多い通りからは少し外れるものの、マンションから近くて、園バスを待つ子供達の安全も確保できるような場所を見つける事が出来たそうです。

その場所というのは、廃墟となった一軒家で、家の前は広場になっています。恐らく昔は綺麗な庭で、道路との境に壁があったのでしょう。庭であった痕跡は、その広場の端にある比較的大きな一本の木です。恐らく持ち主の事情で廃墟となり、壁は道路側に倒れると危険なので、撤去されたのでしょう。ここならマンションから子供の足でも歩いて十分もかからないので、赤澤さんご夫妻は一度、保育園に相談してみようと思われたそうです。

しかし、ひとつ問題があります。それは、この場所が廃墟の前とはいえ、私有地である事です。それを示すかのように、広場には跨《また》げる程の高さのロープが張ってあったそうです。そして、そのロープの中央辺りに、看板の様なものがぶら下がっており、見ると管理者として、ある不動産会社の連絡先が書いてありました。

そこでご主人は、そこに連絡を取り、園児の行き帰りだけ使用させて頂きたいとお願いされたそうです。すると不動産屋さんは、買手もついていないし、子供達の役に立てるなら、その家が売れるまでの間は使って良いと許可をくださったそうです。

早速、奥様にこの話をすると「明日、園長先生に相談してみる」と嬉しそうに仰ったそうです。

次の日、保育園の園長先生にこの事を報告し、バスの停まる場所を移動出来ないか相談されました。すると園長先生が、不思議な事を仰るのだそうです。

「ああ、あの場所ですね。許可まで取ってくださり有り難いんですが、あの場所はちょっと難しいんです」

「どういう事ですか」

「とても不思議な話ですので、納得してくださるかどうか分かりませんが」と前置きされてから、園長先生は話を続けられました。

実は保育園の方でも、園バスの集合場所について、マンションの近くに適した場所がないか、検討を何度もされていたそうです。そして、赤澤さんが見つけられた場所も数年前に候補にあがったそうです。

しかしながら、あの場所に園児を連れて行くと、皆が怖い怖いと、広場にある木を指差しながら泣くそうなのです。それも、一人二人の園児ではなく、ほぼ全員が泣くのだそうです。何が怖いのか聞くと、口々に木に誰かいると言うそうです。勿論、大人達にはその姿は全く見えず、困り果てた末、あの場所をお借りする事をやめた、そう話されたということでした。

この話を聞かれたご主人は、そんな事があるはずは無いと思われたそうですが、試しに息子さんを連れてその廃墟に行く事にされたそうです。

休日の昼間、息子さんとその前を通ると、本当に泣き出したそうです。

「どうしたの」と聞くと、息子さんはこう言いました。

「あの木の上に、女の人がいて、こっちを見てる」

そして、怖がって帰りたがったそうなのです。

家に帰って息子さんを落ち着かせてから、再度細かく話を聞かれますと、どうやら黄色い服を着た女性が、広場の木に登ってこちらを見ているという事のようです。勿論、ご主人の目には何も見えなかったそうです。

しかしご主人には何か心に引っ掛かる事があり、再び一人でその場所に行かれました。じっと木を見ていて、何か思い出せそうで思い出せない。でも何か重要な事がここであったような気がすると考えておられて、はっとされたというのです。

この家がまだ廃墟となる前、自分が幼い頃のことを思い出されたそうです。

ご主人のお話によれば、ご自身が保育園児の頃、この家の前を毎日、通っておられたそうです。しかしある日、この家の前を通りかかった時、黄色い服を着た、とても痩せほそった女性が立っておられたそうです。

そして、その女性がじっと自分を見て来るので怖くなり、その家の前を通る度に大泣きしていた事を思い出されたというのです。泣きながらその事を母親に訴えると、母親は「これを着けていれば怖くないよ」と言って、腕輪状の数珠を買ってくれたそうです。

次の日、それを着けて家の前を通ると、黄色い服を着た女性がいつものようにこちらを見て来たそうですが、数珠を見るなり驚いた様子で、突然四つん這いになって、猿の様に木に登って降りてこなくなったというのです。

そのことを両親に伝えると「そうかお化けだったのかな。それならお経をあげてあげないといけなかったのかなぁ」と言われたそうです。

それ以来、その家の前を通っても、その女性は木の上にしがみついてずっと自分を見てはいるけれど、自分は数珠をしているから降りて来られる事はないと、安心して毎日保育園に通えたという事です。

そしてある日、幼いながらにふと思ったそうです。

「あの女の人は可哀想な人なのかな」と。

そう思ったので、保育園に行く途中、その木の上の女性に手を合わせて「僕がもし大人になったらここへお経をあげに来るから待っててね」と約束したそうなんです。

「もしかするとあの時の約束をこの女性は木の上でまだ待っているのかもしれない」

そう思われて、慌てて私に連絡をくださいました。

私はご主人と一緒に、木の下にてお経をあげさせて頂きました。それ以来子供たちは、その家の前を通っても一切泣かなくなったようです。

幼き頃の赤澤さんとの約束が果たされて直ぐ、新しい住人がその土地と家を買われて、今では新しい家が建っております。もしかすると黄色い服の女性は、赤澤さんの子供の頃の約束をずっと待っておられたのかも知れません。

お経の中に、人間は、必ずある目的を持って生まれて来ると書かれています。それは「衆生《しゅじょう》を憐れむが故に人として生まれる」、即ち、人は誰かの役に立ちたいと思って、誰かを助けたいと願って生まれて来ているのです。

「私たちは人間界に行きますので、どうか人間となることを許してください」と、仏様や神様と、謂《い》わば約束をして人間にさせて頂いたのです。誰か一人でも良いので、人に喜んで頂けるような生活を送る事こそが、私たち人間の持って生まれた約束なのです。

家族旅行

コロナが少し落ち着き、京都も観光客の方々が、国内外を問わずお見えになるようになりました。寂しかった街に活気が戻り、コロナ感染拡大にはまだまだ気を配らなくてはいけませんが、国の経済にとっては良いことだと思います。

京都には、沢山のホテルや旅館、民泊などの宿泊施設があります。しかし、観光シーズンのピーク時には、なかなか部屋の予約が取れません。それでも頑張って探される方々がおられました。

その方々は、三十代後半のご夫婦で、三歳の息子さんがいらっしゃいます。京都の観光シーズンに、丁度、結婚記念日が重なるというので、家族旅行を計画されていました。

しかしながら、日々のお仕事などですっかり宿泊施設の予約を忘れておられ、ギリギリになって探し始めたそうです。

もちろん、京都市内では空いている部屋が殆どなく、空いていても、家族三人では難しいと断られるそうです。

仕方なく京都市外の近郊の宿泊施設を探されました。それでもやはりこの時期はなかなか見つけることが出来なかったそうです。

そこで、ご夫婦は、SNSに「京都市近郊・レンタカーを借りるので、車で一時間までOK・夫婦と三歳児が、○月○日辺りで宿泊出来る場所ないですか」と投稿されました。

すると、それを見た方から「その条件なら、恐らくここが空いていると思います」と、宿泊施設の住所と連絡先を頂いたそうです。

その住所を調べてみると、京都市内から車で一時間程の所だったので、早速連絡してみようとされました。しかし、インターネットでは、いくら調べてもその住所に宿泊施設は見当たりません。

ネットの地図アプリで住所にある建物を見てみると、普通のマンションが建っているだけだったそうです。

「もしかしたらこのマンションのようなものがホテルになっているのかも知れない」

そう思って、教えて頂いた連絡先に一度電話をされました。

数回の呼び出し音が鳴った後、「はい、もしもし」と、女性が電話に出られました。ホテル名などは言われなかったそうです。

「少しお聞きしたいのですが、そちらは宿泊施設をされていますか」

「あ、宿泊ご希望のお客様ですね」

宿泊者以外からの電話もあるのか、電話の女性はそう言われたそうです。

宿泊希望日と宿泊人数を伝えると、空室があると言われたそうです。宿泊費も観光シーズンにもかかわらず格安だったらしく、そのまま予約をされました。

当日になって、朝早くから出発し、京都駅近くでレンタカーを借り、市内を観光した後にその宿泊施設へと向かわれたそうです。

ここでは詳しく書けませんが、幹線道路を小一時間走り、途中から曲がりくねった山道を抜けて、目的の宿泊施設に着かれました。到着された時間帯は、まだ周辺もそこまで暗くはなかったそうですが、宿泊施設の建物は、何故か暗く感じたと仰います。

車の中から建物の外観を見ると、いわゆる普通のベランダ付きマンションなのだそうです。しかし、壁のペンキは所々剝げ落ちており、外から見えるベランダの手摺りも、錆《さび》が目立っていたそうです。外観を見た奥様は「昭和の建物って感じね」という感想を仰ったそうです。

建物手前に、駐車場の案内看板があり、案内に沿って進むと、建物の裏手にある坂を下った地下に駐車場はあったそうです。この駐車場も、外観と同じくかなり年月が経っている感じで、何より困ったのが、電気が全く点いておらず、駐車場内が真っ暗だったことだそうです。車のライトを点けると、かなり広い駐車場で、消えかかった白線が一台一台の場所を仕切ってあるのですが、数台の軽自動車が、その白線を無視する形で駐車されていたそうです。

車から降りて携帯電話のライトを点け、周りを照らして見ると、天井からは電灯が吊り下げてあったそうですが、どれも電球自体がなかったそうです。

「本当にここで合ってるの？」

奥様の問いにご主人も不安になったそうですが、場所は絶対にここで間違いはない、何故なら、この建物以外、周りには雑木林しか見えなかったからだそうです。

車から荷物を降ろし、建物の入り口へ向かわれました。エントランスの小窓には「御用の方は呼び出しベルを押してください」という手書きの紙が貼ってあったそうです。フロントというよりも、マンションの管理人さんの待機室そのものだったと仰います。

呼び出しベルを押すと、「はーい」という明るい女性の声がして、小窓が開き、そこから女性が覗き込むようにして、部屋の案内などをしてくださったそうです。

「この建物は、二つに分かれています。どちらも五階建てです。今回のお客様の部屋は、向こうの建物の三階になります。こちらへどうぞ」

と女性は別棟へと歩き始めました。

「館内、少し暗くなっていますので足元にご注意ください」

案内の女性の明るい雰囲気に反して、二つの建物を繋ぐ廊下は暗く、非常灯が点いた辺りだけが、やけに明るく見えたそうです。廊下の窓から外を見ると、庭に小さなプールが見えたらしいのですが、水は入っておらず、長年使われた形跡がない様子だと感じたそうです。

奥の建物の一階に着き、エレベーターで三階に向かったそうですが、このエレベーターもかなり古いものだったらしいです。エレベーターを降りて、部屋へ向かう廊下は、まるで昭和初期の団地の中を歩いているようで、ある意味貴重な体験をしているとも感じたらしいです。

漸く部屋の前まで来て扉を開けると、予想通りと言うべきか、部屋の中まで昭和のマンションのような一室だったと仰います。

案内の女性が、玄関先で、部屋の中の説明を簡単にしますと言って、急に驚くほどの早口で、説明を始められたそうです。

「部屋を入られて右手が和室、左手が洋室、洋室にはキッチンが付いています。洋室に行くまでの廊下左手にトイレその先にお風呂があります。どの部屋の扉も全て取っ手が壊れていてしっかり閉まりませんが、その分、宿泊料金が安くなっています。フロントと直接繋がる内線もありませんので、御用がある時はフロントまで直接降りて来て下さい。ではごゆっくり」

丸暗記した言葉を、句読点なく話された感じだったと仰います。奥様は、先ほどまでの接客態度との違いに驚かれていたそうです。

部屋に入ると、各部屋に置かれている棚や机のデザインまでもが、昭和を思わせる物だったらしいです。

「まるで昭和にタイムスリップしたみたい」

案外、奥様はこの雰囲気が気に入られたようです。しかし、この時ご主人は、強い不安を感じておられました。それは、建物の陰気な感じもそうですが、案内の女性の口調が突然変化した様子がとても気になったそうです。女性が突然早口になったのは、この場から直ぐにでも立ち去りたいという風に見えたらしいのです。

先ほどまで疲れて寝ていたお子さんも起きて、買ってきた夕食をみんなで食べることにされました。

食事をしていると、お子さんがこう言ったそうです。

「食べ物あげても良い？」と。

「誰に？」

「あの猫ちゃん」

そう言って、キッチンの入り口を指差したというのです。そこにはもちろん、猫なんていません。

ご主人はこの部屋に入ってから、いや、入る前から何か得体の知れないものがいるように感じておられただけに、やはり子供には何かが見えるのかと変に納得されたそうです。

「猫ちゃんなんていないよ」

そうご主人が子供さんに言うと、奥様が不思議そうにこう言われたそうです。

「あら、どこから入ってきたのかしら」と。

「え？」

ご主人が驚いて奥様の方を見ると、椅子から立ち上がり、猫がいるらしき方へ行って、抱き抱えるような仕草をされたというのです。

「おい、お前、何やってんの？」

冗談だったら今直ぐにやめて欲しいと、少し怒り気味にそう言われました。

「良いじゃない。今晩だけペットを飼ったつもりで」

「いや、そうじゃなくて」

ご主人が説明しようとされたのですが、奥様はそのまま、お皿にミルクを入れて床に置きました。

理解出来ない不安と恐怖で、ご主人が混乱されていたその時でした。

「ぺちゃぺちゃ、ぺちゃぺちゃ」

明らかに猫がミルクを飲んでいる音だけが聞こえて来たそうです。

「もしかすると自分にだけ猫の姿が見えなくて、本当はそこに猫がいるのかも知れない」

そう思い始めたと仰います。

その恐怖は、怒りへと変わっていったそうです。

「おい、いい加減にしろ」

そう言って、ご主人はミルクの入ったお皿をシンクに持って行き、ミルクを流してしまわれました。

「どうしてそんなことするのよ」

奥様は大変驚いて怒られたそうですが、ご主人は何も言わずに食事を続けられました。

「あーあ、可哀想な猫ちゃん、どっか行っちゃった」

息子さんも不満そうにそう言ったそうです。

どうやら猫らしき物は、この部屋から出て行ったようで、それを聞かれたご主人は、少し落ち着かれて、

「驚かしてごめん」

そう謝られたそうです。

食事を終え、子供さんをお風呂に入れ終わると、奥の和室の部屋に奥様が布団を敷かれました。よほど疲れていたのか、奥様も移動中に寝ていた子供さんも、直ぐに寝息を立てて寝られたそうです。

独り残された感じになったご主人は、先ほどの猫の一件を思い出されていました。

「一体、あの猫らしき物は何だったのだろう。もし仮に死んだ猫の霊だったとしたら、家内も息子もそうと知らない内に接してしまったのだろうか」

そんな事を考えていると、次第に怖くなって来たので、考えないように努めておられたその時でした。廊下の方から、「キー」という扉の開く音が聞こえて来たそうです。

「恐らくキッチンの扉が、風か何かで開いたに違いない。それにしても全ての扉の取っ手が壊れているのは何故だろう。その分、宿泊料金が安くなっていると言っていたが、直して、正規の代金を取った方が収益になるはずだ。というか、そもそもネットにも載っていないのは、何か理由があるのではなかろうか」

そんな考えを巡らせておられる内に、トイレに行きたくなられたそうです。

二人を起こさないようにゆっくりと立ち上がり、和室の襖を開けて、廊下に出られました。正面のキッチンの扉が少し開いているのが見えたので、先ほどの音は、やはりこの扉が風か何かで開いたのだろうと確信されました。

そして、廊下の途中にあるトイレに入り、用を足し終えると、再び「キー」という扉を開閉する音が聞こえたそうです。ゆっくりとトイレから出ると、キッチンの扉が、先ほどよりも少し開いていたと仰います。

「風のせいだ」

そう言い聞かせて和室に向かって歩き出し、気が付かれたそうなのですが、和室の襖も少し開いていたそうです。部屋を出る時、廊下の光が入らないように、確実に閉められたそうなのですが、十センチほど開いていたそうなのです。

「誰かが起きた気配もないし、風で開くものではない。一体誰が開けたのか」

そんな疑問と恐怖を覚えながら、ゆっくりと襖を開けて中に入って、しっかりと閉められました。

やはり二人は寝ています。気にしないで兎に角、朝を待とうと布団に入り、そのまま目を瞑っている内に、寝てしまわれたそうです。

朝になり、何事もなかったように宿を後にされました。チェックアウト時に「部屋で何かなかったですか」と女性に聞かれたそうなのですが、「何もなかった」と答えて帰られたそうです。

自宅に戻られてからも、奥様やお子さんからは、一切、猫らしき物の話は出なかったそうです。しかし、話をせざるを得ない事態に見舞われるのです。

それは、旅行から帰った深夜の事。旅の疲れもあり、夜になると三人とも直ぐに寝られました。寝ていると、ご主人の耳に何か猫の鳴き声のようなものが聞こえて来て目を覚まされたそうです。

寝ぼけながらも、家に猫でも入って来たのかと感じるほど近くで声がするそうなのです。その時、脳裏に昨夜の猫の一件が浮かんだと仰います。

「ニャーニャー」

その声は寝室へと入って来ました。ご主人は言い知れぬ恐怖と危険を感じて、奥様を揺り起こされました。

「おい、起きろ、猫の声がするだろ」

眠たそうに目を覚まされた奥様は、

「何、何も聞こえないよ」

不思議そうにそう言われるのだそうです。

「何を言ってるんだ。はっきり聞こえるだろ」

ご主人の耳には寝室で鳴いているように聞こえておられたそうです。しかし何度奥様に尋ねても、聞こえないと言われるそうなんです。奥様は、ご主人が寝ぼけているとでも思われたのか、再び寝てしまわれました。

「気のせいなんかじゃない。はっきりと猫の鳴き声が聞こえる」

怖くなって頭から振り払って寝ようとした瞬間、布団の足元のあたりに何か荷重がかかった感じがして、そこを見ると、血だらけの猫が座っていたそうです。

声が出ないくらいに驚いていると、その猫は一気にご主人に襲いかかって来て、目の前で消えてしまったそうです。そしてご主人は気を失ってしまい、そのまま朝を迎えられたそうです。

朝、奥様に昨夜の猫の声について話されたそうです。そして、京都の宿泊施設で、自分だけ猫の姿が見えなかった事も全て話されました。

すると奥様は、もしかするとあの宿泊施設では、何か猫に纏わる事件があったのではないかと仰ったそうです。そこで再びあの宿泊施設に連絡して、一部始終を話して、何かなかったか尋ねられたそうです。

「やっぱり、そんな事があったんですか」

その反応に、ご主人はやはり何かあったのかと驚くことはなかったらしいです。

電話の声の主はあの時のフロントの女性で、今から話をするが、宿泊代金の返還には一切応じないと最初に念を押されたそうです。それを了承すると、こんな話を聞かされたらしいのです。

宿泊施設は、昭和のバブル初期に、コンドミニアムとして建てられたそうです。簡単に言えば、所有者が不在の時は旅行者に貸し出す、賃貸型リゾートマンションです。

しかし、バブル崩壊後は売りに出されることが多くなり、中には所有者が行方不明になってしまった部屋もあったそうです。そして今回ご家族が泊まられたお部屋は、そんな所有者不明物件の一つで、管財人が入り、マンション側に所有権が移ったので、貸し出しをされるようになったそうです。

当初その部屋では、猫が数匹飼われていたそうなのですが、やがて数が増え、他の住民からも苦情が多く寄せられていたらしいのです。ですので所有者に何とかするように言っておられたそうなのですが、そのひと月後くらいに所有者は行方不明になられました。

扉の取っ手が壊れていたのは、当初の所有者が、猫が自由に出入りできるようにしていったのだろうとの事でした。しかし、言うまでもなく、引き取り手のなかった猫たちは、ここで亡くなってしまったそうです。

それ以来、あの部屋の前を通ると、猫の鳴き声や、悲しそうな声がするので、フロントの女性もあまり近寄りたくなかったと仰ったそうです。

ご主人はこのお話を聞かれて、とても可哀想に思われたそうです。もしかすると、長い間、人間と接していなかった猫の霊が、やっと訪ねて来た人間に甘えて来たのかも知れません。しかし姿が見えなかったご主人は、ミルクを捨てて帰ってしまいました。

「姿は見えなくなったけれど、存在はしているんだという事を訴えていたのかも知れない。無責任な人間がいたことを同じ人間として謝罪したい」

そうご主人は思われて、再度、あの宿泊施設を私と共に訪れました。そして、その部屋で香を焚き、経を誦《しょう》し、猫さんたちの供養をして、身勝手な人間の行いを心よりお詫びいたしました。それ以来、この部屋では猫さんの声はしなくなったそうです。

定年後

「定年退職後の生活をどのように送れば良いと思いますか」

そんなご相談を受ける事があります。

このご質問の意図は、自分の好き勝手に生きるのではなく、誰かの、何かの役に立てる生活とはどの様なものかという事だと思います。会社というものから離れ、自由に時間が使えるわけですが、社会との繋がりは持っていたいという事でしょう。

体が動くうちは社会貢献しようというお気持ちは素晴らしいものですので、是非、キャリアを活かした日々を送って頂きたいと思います。

さて、そんな定年退職後の生活を考え始める年齢は、大体五十歳代後半から六十歳になってからくらいだと思います。

今回は、そんな定年後の生活を意識して動かれ始めた、当時六十三歳の藤山さんという男性の方から数年前にお聞きしたお話です。

藤山さんは、大学を卒業後、京都にある会社に就職されました。当時、まだパソコンでCGを作製するのは珍しかった時代に、藤山さんはそれが出来たのだそうです。ですから、会社からも比較的高給を頂いていたと仰います。

ですがパソコンのプログラムの世界は、急速に発展して行きます。藤山さんは、それについて行くので精一杯になって来たらしいのです。

そんな中、お勤めの会社では、六十五歳での定年が決められており、あと二年でお役御免になると寂しく感じておられたそうです。

そんな藤山さんは当時、京都市内のマンションに住んでおられました。マンションの部屋にもパソコンが数台あり、自宅に戻ってからも仕事や新しいソフトの勉強などをされておられたと仰います。

しかし、今となっては新しいソフトの勉強をしたところで、定年間近ですからあまり意味を持たないと思いながらも、長年の習慣から、パソコンを触っておられたそうです。

すると、部屋の何処と確定は出来ないそうですが、「キュー、キュー」という動物の弱々しい鳴き声のようなものが聞こえてきたというのです。

しかもこの声は、その日以来、毎日ではないものの時々聞こえるようになったらしいのです。お住まいのマンションでは動物は飼えない事になっているし、仮に内緒で誰かが飼っておられたとしても、部屋の中にまで、これほどはっきりと聞こえてくるはずはありません。

マンションの管理会社にも壁の間などに動物が挟まったりしていないか確認をしてもらったそうですが、その様な隙間にも、何もいなかったようです。

それでも、いつもこの声は数分で聞こえなくなるし、それ程大きな声でもないので、気にせず生活を続けられました。

そんなある日の朝の事、藤山さんがベッドから立ち上がろうとした時、下半身が全く動かなくなっていたそうなのです。

それはまるで、腰から下に土を掛けられたかのようで、重くて足を折り曲げる事すら出来なかったと仰います。

「定年間近で、体が不自由になるとは、大変な事になった」

藤山さんは結婚歴もなく、独身でおられましたので、これからの生活を介護ヘルパーさんにお願いしなくてはいけないと、この時思われたそうです。

先ずは、会社に休む事を伝えなくてはいけないと、枕元に置いていた携帯電話に手を伸ばされたその時、下半身に覆い被さっていた土が、さらさらと何処かに流れて行く様な感覚を覚えたそうです。そして下半身は、先ほどまでのような重さは全く感じられず、足を動かしてみると、いつものように動くようになっていたというのです。

ですので、その日はいつものように仕事に行き、その後、病院に行かれたそうですが、特に異常はなかったそうです。

病院では異常はないと言われたものの、また体が動かなくなると怖いなあと、その日の夜は枕元に携帯電話のほか、飲み物や軽食を置いて寝られたそうです。

すると深夜に、またあの動物のような鳴き声が聞こえて来たらしいのです。

「キュー、キュー」

もしかしたら、自分に何かを訴えようとしているのかも知れない。何かよく分からないけれど、その声は、初めの頃と比べて、何となく弱々しくなっているようにも感じられたと仰います。

その声に耳を澄まし始めたその時、またしても足先から何か土のようなものが乗せられていくような感覚になったらしいのです。そして、その感覚は、脛、膝へとあっという間に上って来たそうです。

危険を感じた藤山さんは、咄嗟《とっさ》に上半身を捻って、ベッドから落ちました。すると足の感覚は戻り、体は自由になったそうです。安堵していると、先ほどまで聞こえていた動物らしき物の声も、消えていたそうです。

この体験から、藤山さんは、体が動かなくなる現象と謎の声との間には、何か関連があるのだと感じられました。しかし、どういった関連があるのかは分かりません。

朝になって会社に行き、この話を同僚にすると、もしかするとそれは、何か動物の祟りのようなものではないかと言われたそうです。藤山さんが動物に恨まれるような事をした覚えはないと言うと、マンションの他の住民が動物を虐待死させて、その無念の念が藤山さんの部屋に来たのではないかと、冗談まじりに言われたそうなのです。

普段はそんな非科学的なものは信じないそうなのですが、言われてみると少し不安になり、ちょうど翌日は休日なので、寺社に行ってご祈禱を受けようと考えられたそうです。

「ブーン、ブーン」

寝ていると、羽の大きな虫が飛んでいるような音で目が覚めたそうです。それは、寝る時枕元に置いていた携帯電話のバイブレーションの音でした。

「藤山、お前の実家に行って、様子を見てきたよ」

声の主は、藤山さんの幼馴染の友人でした。

「おお、有難う。で、どうだった?」

藤山さんは、定年後の生活拠点を生まれ故郷の地に決めておられました。

藤山さんの生まれ故郷は、岡山県内にあり、もう他界されたご両親の暮らしておられた家は、手付かずでそのままになっていたそうです。

しかし、ご両親が亡くなられてからは全くといっていいほど、実家に足を運んでおられませんでした。ですので、家屋はもうかなり傷んでいるだろうと想像しておられました。そして、定年後は実家を建て直し、そこで田舎ライフを送られるご予定でした。

なかなか岡山県まで行く時間がないので、地元の幼馴染の友人に家の様子を見に行って貰っておられたのです。その友人の方からの報告は、想像以上のものだったようです。

藤山さんのご実家は、小山の中腹を平坦に切り拓いた場所にあったため、近年の大雨で、一部分が崩れ落ちていたそうです。

家もかなり傾き、このままでは小山を滑り落ちてしまうような状況だったそうです。家の敷地にあった庭は完全に崩れていて、原形を留めない状況になっているそうです。

最初から建物自体は壊し、更地にしてから新しい家を建てようと考えておられましたので、家の傾きは問題なかったそうなのですが、地滑りを起こしている部分だけは、一度専門家に見て頂かない事には住めるかどうか分かりません。

そこで、有給休暇を利用して、翌日、実家に行くことにされました。急な判断ではありますが、定年後の人生の拠点となる場所ですので、急いで確認をしたかったのだそうです。

会社に二日間の休みを頂いて、電車で何十年ぶりかで故郷に向かわれました。新幹線とローカル線を乗り継ぎ、そこからはバスで移動です。昔はなぜか故郷を遠く感じていましたが、京都からは四時間ほどで着きます。こんなに近くに故郷はあったのかと、里帰りしなかった事を後悔されたそうです。ご両親は藤山さんが京都で就職された数年後に亡くなっておられましたので、故郷に帰る必要性をあまり感じておられなかった事も里帰りしなかった理由の一つだったのでしょう。

久しぶりの故郷は、藤山さんがおられた頃と、あまり変わりはなかったそうです。実家に向かうバス停からの道も、山に囲まれた田畑の風景も、まるでタイムスリップしたような感覚になるほどだったと言われます。

しかし、それでも変化はやはりあって、その中でも一番の変化は、実家だったそうです。友人に教えて貰った通り、実家が建てられていた小山は少し崩れていたらしいのです。

実家の入り口に向かう道は、崩れた斜面の横にあり、その部分は崩れずに原形を留めていたようです。そこを通って、小山を登ると、玄関の扉はガラス部分が割れて、覗くと中の様子が見える状態になっていたそうです。

その横手には、芝生の綺麗な庭があったのですが、そこは残念ながら、一部分を残して斜面に崩れ落ちていたらしいのです。

「子供の頃は、この庭がとても広く感じて、走り回っていたなあ」

昔懐かしい風景を見ていると、ここで暮らしていた頃の記憶が色々と思い出されてきたそうです。

ご両親は中々子宝に恵まれず、やっと授かった子が一人っ子の藤山さんで、とても大切に育てて貰ったなあと、改めて感謝の気持ちに包まれたと言います。

しかし、それだけにご両親が亡くなられてからは、ご両親の事を思い出すのが辛くて、故郷から足が遠のいておられたようです。結婚もせず、孫の顔も見せてあげられなかった事も申し訳なく思っていたと仰います。

そして、玄関先に立っていると、突然ハッキリと「キュー、キュー」というあの謎の声が聞こえて来たのだそうです。その瞬間、藤山さんにはある記憶が思い出されたのだそうです。

「そういえば、子供の頃、庭の端に小さな祠《ほこら》があり、その中には祠の神様がいると両親から言われていた」

藤山さんが崩れ落ちた庭の隅々をよく見ると、そこには半分、土に埋まった石の祠の屋根部分が見えたそうです。藤山さんはそれを見つけると、一目散に掘り返されました。すると祠の中には、半分土に埋まった「妙法稲荷」の文字が彫られた石と、狐の置物があったそうです。

藤山さんはとても申し訳ない気持ちになり、とても悲しくなってきたそうなんです。

なぜなら、お稲荷様は、崩れた山の土に埋まって長年動けずにじっとこの場所を見守ってくれていたんだと感じたからだそうです。

藤山さんが聞いた謎の声は、お稲荷様の声で、下半身が動かなくなったのは、この実家の状況を伝えたかったからなのではないかと理解されたそうです。

その後、地盤の調査を専門家に依頼され、その際に無事祠ごとお稲荷様も掘り出されたという事です。この時から、京都に戻られても謎の声が聞こえることも体の異変も無くなったとのことでした。

その後、藤山さんは定年を迎えられたのですが、会社からはあと数年残って欲しいと言ってもらったそうです。

「自分のような古い社員も、当てにしてくれているのだと有り難く思いました。しかし……」

藤山さんは、会社には残られませんでした。いや、正確には残られたのです。というのも、現在は故郷の家を再建され、リモートで仕事をされています。

藤山さんは、こう仰るのです。

「私は、誰かに当てにされたり、頼りにされたりする事が好きなんです。ですから、大きな仕事が出来なくても、誰かに見ていて欲しいと思うんです。その気持ちは、祠の神様も同じだと思いますので、人生を終えるまで、祠の神様とここで暮らしたいと思います」

人間は、互いの存在を認め合うことで、平和な社会を形成します。仏様や神様も同じで、人間が神仏の存在を忘れてしまったり、認めなくなってしまったりすると、本当に神仏はいなくなられるのです。

見殺し

「あの夢を見るようになったのは、大学四年生の春頃からだったと思います」

そう話を始められたのは、現在、ある不動産関係の会社で働いておられる澤村さんという男性の方です。

ある日、何の前触れもなく、とても怖い夢を見るようになったと仰います。

その夢の内容は、まるでテレビドラマのワンシーンのようです。

夢の中で澤村さんは、断崖絶壁から足を滑らせてしまいます。しかし幸いな事に、崖の岩肌に掴まる事が出来て、下に落ちずに済んだそうです。そこで「誰か、助けてくれ」と大声で叫ぶと「大丈夫か、俺の腕に掴まれ」と、見知らぬ男性が手を伸ばして来てくれました。澤村さんは無我夢中でその人の手を掴み、引き上げて貰おうとしたその時、突然体が重くなったように感じたらしいのです。

引き上げようと頑張ってくれている男性も、なかなか引き上げられずにいます。

一体何が起こったのかと下を見ると、自分の右足首に誰かが掴まっていたそうです。

良く見ると、自分と年の変わらない感じの女性が掴まっていたと仰います。

そしてその女性は、澤村さんと目が合うと「お願い。私も助けて」と小さな声で言って来たらしいのです。

しかしこのままでは二人とも崖下に落ちてしまいます。どうしようかと考えていると、引き上げようとしている男性が苦しそうに唸《うな》り始めました。そして澤村さんは、非情にも右足首を掴んでいる女性の手を左足で蹴って、女性を崖下に落としてしまわれます。

そこでいつも目が覚めるそうです。この夢は、大学四年生になって、急に見るようになったそうです。最初は、月に一度くらい見る程度だったのが、七月辺りから、週一回のペースで見るようになってしまったらしいのです。

流石に毎回、同じ夢を見るのはおかしいと、病院に行かれました。すると、その病院では、ストレスが原因ではないかと言われたそうです。しかし、普段何もストレスはありませんと言うと、来年社会に出なくてはいけないというプレッシャーから来るストレスかも知れないと診断されたそうで

す。

しかし澤村さんは、今も勤めている不動産会社に内定が決まっており、早く仕事がしたいというくらいに、社会に出ることを楽しみに思われていたと仰います。ですから、ストレスが原因だとは、澤村さん本人には決して思えなかったそうです。

では何故この夢を突然見るようになったのか。自分なりに分析したそうです。大学に入るに当たって、引っ越しなどはしておらず、環境の変化はありません。友人、大学の先生方、家族との関係も上手く行っており、人間関係のストレスもありません。

他にも色々と考えたそうですが、精神的な面では、ストレスというものは何も思い当たらなかったそうです。

しかし、人間とは上手く出来ているもので、しんどい事も、長く続くと慣れが来るそうです。澤村さんは、次第に夢に慣れてきたそうです。「また同じ夢を見てしまったな」という程度で、毎回女性を蹴落として目が覚めてもそれほどの罪悪感を覚えなくなってきたらしいのです。

週に一度は同じ夢を見るという変わった体験をされながらも、そのまま卒業まで、現実世界では何の問題もなく生活されたそうです。

そして、会社勤めが始まると、やがてその夢を見る回数も、減って行ったらしいのです。やはり病院の先生の言ったとおり、社会に出る不安のようなものがあり、それが解消されたのかも知れないと、そんなふうに思っておられました。

しかし夢を見る回数が減ってくると、あれほど見た夢ですから、少し寂しさのようなものも感じておられたようです。そして、社会に出て半年になろうとする頃には、全くその夢を見なくなったらしいのです。

そんなある日、会社の先輩から、食事会に誘われたそうなのです。澤村さんは、先輩の誘いという事もあり、行くことにされました。男性が五人、女性が五人で、食事をされる事になったそうです。

食事会当日、会社が終わって、先輩方と予約したお店に行くと、ちょうど女性の方五人も着かれた所だったそうです。みんなでお店に入り席に着いて、食事を取り始めて気がついたそうなのですが、一人だけ知っている女性がおられたそうなのです。

その女性こそ、あの夢で澤村さんが蹴落とした女性だったと仰います。しかし、その女性は澤村さんの事は知らない様子で、楽しく食事されておられたらしいのです。澤村さんは、その女性に気がついてから、殆ど食事が喉を通らず、先輩からも体調が悪いのかと心配されるくらいだったと仰います。

食事会が終わって、帰ろうとしたその時、夢の女性が澤村さんに声をかけて来られたそうなんです。

「あの、少し良いですか」

澤村さんは、何を言われるのかと緊張しながら頷かれました。

「もしよかったら、電話番号の交換をしませんか」

そう言われたそうです。

「勿論、良いですよ」

やはりこの女性が、夢の事など知っているはずがない。そう思った澤村さんは、出来る限りの笑顔を作って、携帯電話の番号を交換されました。

そして、お店を出て別れ際、その女性が「今度、電話をかけますね」、そう言われたので「こちらからかけますよ」、澤村さんはそう返事をされました。すると女性は、何とも言えない笑顔でこう言われたそうなのです。

「今度は大事にしてね」と。

そう言われて澤村さんは、何も言い返せずにそのまま帰宅されました。

数日後、その女性から電話がかかって来たそうです。そこで思い切って「今度は大事にしてね」ってどういう意味ですかと聞かれたそうですが、そんな事を言った記憶はないとのことだったそうです。

その後、お二人は付き合いを深められ、数ヶ月の交際を経て、結婚されました。

夢の中で酷い事をしてしまったから、という訳ではないようですが、現在の澤村さんは、職場でも有名な愛妻家だそうです。

一体、今回の夢は何だったのでしょうか。前世の姿だったのか、それともただの夢だったのでしょうか。それなら良いのですが、予知夢でない事を祈っております。

交差点

　京都の道は、縦横に網目の様に綺麗に整備されています。そして、大抵の京都人は、京都市内の何処《どこ》にいても、東西南北を即座に答えることが出来ます。それは、北大路通り、西大路通りなど、大きな道が何処にあるかで分かります。また、北から順番に、一条通り、二条通り、三条通り、四条通りと南に行く程、数が増えていきます。

　そして、北に向かう事を「上がる」、南に進む事を「下がる」と表現します。何故なら京都市内は、北に行くほど高く、南に行くほど低い構造になっているからです。一説には、北山辺りと京都タワーの先端が、同じ高さだと言われています。ですから、極端な話をしますと、雨の日に水が流れていく方向が南ということです。

　この上がる下がるという表現は、会話に出て来るだけでなく、住所にも使われます。

　蓮久寺は、下松屋町通り五条下《さが》ル藪ノ内町となるのですが、下松屋町通りという縦の通りを歩き、五条通りという横の通りから南に行った所にありますという意味です。

京都の街はこのような仕組みになっていますので、交差点がとても多いのです。京都市内は角を曲がってばかりになりますので、車ですと、運転に慣れない方には不便な所かも知れません。

今回は、そんな京都の交差点に関するお話です。現場となった場所は京都でも一番の繁華街、四条河原町の交差点です。この交差点は、祇園祭の山鉾巡行《やまぼこじゅんこう》でもいつもテレビなどで紹介されますが、車道四車線の幅のあるたいへん大きな交差点です。付近は、買い物から食事まで不便することがない所で、観光の方々も沢山お越しになります。歩いてすぐには鴨川があり、老若男女問わず、沢山の方が来られます。それに、河原町通りを西に行きますと、すぐにオフィス街があります。ですので、京都で一番人の集まる交差点と言っても過言ではありません。

そんな交差点の直ぐ近くで、アパレル関係の仕事をしておられる佐川さんという男性の方からお聞きしたお話です。

佐川さんは、交差点からすぐの寺町京極商店街の中にある洋服屋さんでお仕事をされておられます。勤務形態は、遅番と早番があるらしく、この日は遅番だったそうです。

遅番は午後三時から十一時までの勤務で、帰る頃には、日中のあれほどの人混みが嘘のように殆ど人がおられなくなります。ですので四条河原町の交差点も、平日などの遅い時間には、一人で渡ることもあるそうです。

この日、帰宅途中にこの交差点に行きますと、数人が信号待ちをしておられたそうです。特に気にすることもなく信号待ちをしていると、突然一人の男性が横断歩道を渡り始められました。信号が青に変わったのかと歩行者信号を見ると、まだ赤です。どうやら車が来ていないので、信号を無視して渡り始めたようです。

こういった人を、時々、佐川さんも目にされる事があり、特段周りの人も注意される様子ではなかったと仰います。確かに、安全が確保されていれば渡っても問題はないとも思いますが、それでも渡らないのは、日本人の恥の精神があるからだと佐川さんは仰いました。

観光都市である京都には、海外からのお客様が多く来られます。佐川さんは、海外の方から、「明らかに車の来ない交差点でも、赤信号であれば日本人は渡らない」という記事を読まれたと聞いたことがあったそうです。その記事の続きでは、「誰も見ていなくてもルールを守るのは、自分を良く律するサムライの精神だ」と称賛されていたそうです。ですから、他の人が信号を無視しても、安全が確保されているのが分かっていても、信号が赤である限りは、渡らないと決めておられるそうなのです。

しかし、そう思うのは佐川さんだけではないようで、この時、信号待ちをしていた他の方たちも信号が青に変わるのを待っておられたようです。そして、信号無視の男性が横断歩道を渡り切る直前に信号は青に変わり、他の人たちも渡り始められたそうです。佐川さんは、きちんとルールを守る人が多くおられることに感動を覚えたと仰っておられました。

そんなことがあってから、遅番の帰りにこの交差点で見かける人たちに目が留まるようになったそうです。今まではあまり意識されておられなかったそうですが、毎日よく見てみると、大抵同じ人が数名おられることが分かったそうです。もちろん、この近くで同じ時間帯まで仕事をしているのでしょうから、同じ人たちと出会う確率は高いということでしょう。

そんな日々が過ぎていく中、再びあの信号無視の男性を見かけたそうなんです。この日の男性は、くねくねと体をくねらせる動作をしながら信号待ちをしておられ、歩行者信号がまだ赤の内に横断歩道を渡り始めたそうです。

「また信号無視をするのか」

そう思いながらも、何も声はかけなかったそうです。

この男性を見かける頻度は毎日ではなかったそうですが、週に三、四日は見かけたそうです。その度に、不思議な動きをした後に、赤信号の横断歩道を渡り出すそうなのです。

ある日、この話を仕事先のアルバイト店員にすると、こんなことを言って来られたというのです。

「佐川さん、それって交差点で事故に遭って、亡くなられた霊なんじゃないですか」

「やめてくれよ。話さなかったら良かったな」

佐川さんは、背も高く、体も大きく、怖いものなしの雰囲気ですが、怪談話が何より苦手な方なのです。

「冗談ですよ」

そう言ってアルバイト店員さんは笑われたそうです。

その日の帰り、佐川さんは交差点でまたあの男性を見かけたそうです。はっきりと目に映るその男性を見ながら、

「こんなにはっきりと見えるのだから、霊の訳がない」

そう確認した後、その男性を見ていると、またくねくねと体をくねらせてから横断歩道を渡り始めたそうです。

この男性が絶対に霊ではないという確信を更に得たいと思った佐川さんは、こちら側に渡ってきている男性に、思い切って声をかけてみようと思われたというので

す。

そして佐川さんは、こちら側に渡り切る寸前の男性に、

「すみません。まだ歩行者信号は赤ですよ」

そう声をかけられました。

すると男性は、とても驚いた様子で佐川さんを見ると、何も言わずに走って何処かに行かれたそうなのです。

この時に、「やはり亡くなられた人ではない」と、確信が持てたと仰います。

しかし、その日の夜、佐川さんはこんな夢をご覧になりました。

夢の中で、夜、いつものように交差点で信号待ちをしていたそうです。すると、向こう側で、体をくねらせたあの男性が、信号を無視して横断歩道を渡り始めました。そこに、一台の車が走って来たそうです。

「危ない」

そう思った佐川さんは、自身の危険も顧みず、横断歩道を歩いている男性にタックルして助けたそうです。

「大丈夫でしたか」

佐川さんが男性にそう声をかけると、男性は笑ってこう答えたというのです。

「あははは、大丈夫、俺はもう死んでいるからね。これは単なる遊びだよ」と。

それを聞き終えると、汗だくで目が覚めたそうです。

アルバイト店員さんに冗談であれ、あんな話をされたので、変な夢を見てしまったと、この時は思われたと仰います。

次の日、夢の話は誰にもしないで、いつものように仕事を終えて帰途につかれたそうです。

そして、夜の交差点に差しかかると、この日は交差点には、誰も立っていなかったらしいのです。

「今日は一人か」

そう思った瞬間、向こう側に、例の男性が体をくねらせて立っておられたそうです。

「あれ、あの人、さっきはいなかったような気がしたけど」

そんなことを考えていると、やはり男性は、信号が赤のままの横断歩道を歩き始めたそうです。しかし、いつもと違って、真っすぐに佐川さんに向かって走り出されたのだそうです。

「明らかにこちらに向かって来ている」

そう確信された佐川さんは、そのまま男性が来るのを待ち構えていたらしいのです。

何故なら、「今度は強めに注意してやろう」と思われたからです。

男性が横断歩道の中ほどまで来た時、信号が青に変わったので、佐川さんも男性に向かって歩き始めました。

すると男性は、急に立ち止まり、佐川さんに向かって、こう言ったそうです。

「夢の中ではありがとう。でもこれは遊びだから。俺はもう死んでるから安全なの」と。

それを聞いた佐川さんも、立ち止まってこう言われました。

「死んでいてもルールは守れ。恥を知れ」

と、大声で怒鳴ったそうです。

すると男性は驚いた様子で、深々と頭を下げると、くねくねと体をくねらせながらその場で消えていったと仰います。

その様子を見て、佐川さんは怖くなって、この日は友人宅に泊めてもらったと仰っていました。

後になって、ある人にこの話をすると、「お化けを叱りつけた男」と言われるようになられたそうです。この一件以来、あの男性を見かけることはなくなったそうです。

そして、佐川さんは一つの考察を話してくださいました。

あの男性を毎日ではなく、週に三、四日しか見かけなかったのには、意味があるのではないかと考えられたそうです。あの男性が現れていたのは、佐川さんが赤信号で立ち止まった時だけだったそうです。ですから、週に三、四日くらいの頻度で赤信号にかかられていたという事です。

それに、くねくねと体をくねらせていたのは、もしかすると男性の霊が現れる時に、そのあたりの時空が歪《ゆが》んで、そう見えたのではないかと佐川さんは考えておられました。何故なら、消える瞬間の男性が、そのように見えたからだそうです。

私の考察も少し書かせて頂きますと、このお話が間違いなく事実であれば、お亡くなりになった方々も、案外色々な遊びを考えて、楽しんでおられるのだなと思いました。

それに、Twitter などに炎上動画を上げる人間同様、あの世でも恥を知らない遊びをする人がいることに驚かされたお話でした。

第四章

お釈迦さまはある日、パーヴァーという村に立ち寄られました。そこには、鍛冶屋をしているチュンダという熱心な仏教徒がいました。

チュンダは、お釈迦さまがこの村に来られると聞いて、何か布施をさせて頂きたいと、スーカラ・マッダヴァという食事を出すことにしました。

お釈迦さまは、喜んでその食事を頂かれました。しかし、その食事は腐っており、それが原因でお釈迦さまはお亡くなりになります。

実はお釈迦さまは、出された食事が腐っていたことをご存知だったのです。しかし、せっかくチュンダが出してくれたご供養だと、一人お食べになったのでした。

そして、亡くなられる直前に、弟子たちを呼んでこう仰いました。

「弟子たちよ、決してチュンダを責めてはいけない。それどころか、肉体から離れさせてくれるきっかけをくれた人だから、感謝している」と。

そして、お釈迦さまがお亡くなりになった後も、弟子たちはチュンダを責めることなく、修行仲間として迎えられました。

もちろん、後にこの事実を知ったチュンダは、とても後悔し懺悔しました。

しかし他の弟子たちから、お釈迦さまの言葉を聞き、余生をお釈迦さまた。

の説かれた教えを広める為に精進されたそうです。

お釈迦さまですら、自分の死後（お釈迦さまは涅槃されたのであって、死とはまた別ですが、ここでは分かり易く死後と表記します）のことについて心配されていたのです。

私たち残された人間は、亡くなられた方々に心配をかけないように生きなければなりませんね。

雨

「怪談説法の三木大雲さんですか」

最近は、大変有り難い事に、道を歩いていますと、知らない方から声を掛けて頂く事が増えました。テレビやYouTube、本を出させて頂いている影響のようです。中には、気が付いても声を掛けるのを遠慮してくださる方もおられるかも知れませんが、遠慮なくお声がけ下さい。

そんな日常を送らせて頂く中、こんな事がありました。

ある日、とある場所で不思議な事が起こるという事で、ご祈禱へ行かせて頂きました。無事にご祈禱を終えて帰ろうとしましたら、突然、大雨が降り出しました。お寺を出る時は晴れていましたので、傘を持って来ておらず、近くで購入しようと考えていました。すると、ご祈禱を依頼された施主様が、タクシーを呼びますと仰って下さったのです。

私はあまりの雨の酷さに、贅沢ではありますが、近くの駅までタクシーで移動する事に致しました。数分でタクシーが到着しました。

私がタクシーに乗り込み、ドアが閉まりますと、施主様が運転手さんに、京都の蓮久寺までお願いしますと言ってお金を渡されたのです。

ここから、蓮久寺までは、車で一時間近く掛かります。そうなるとタクシー代も大変高額になりますので、駅迄で大丈夫ですと言いました。しかし、私の身体を気遣ってくださり、蓮久寺までタクシーで行って下さいとお願いされ、ご厚意に甘える事に致しました。

タクシーが動き出してから、運転手さんが「蓮久寺って、京都のどこですか」とお聞きになりましたので、お寺の住所をお伝えしますと、バックミラー越しに、明らかに驚かれた顔をされました。

「もしかすると私のことをご存じなのかな」

そう思って、何か話しかけられるかと待っていました。しかしこの運転手さんは、どうやら私のことを知っておられるという感じでもないんです。といいますのも、何となく私の方を見て怖がっておられるように見えたのです。

心の中で、私は色々なパターンを考えました。

まず一つは、私のことを知って下さってはいるものの、怖い話が苦手。

二つ目に、お坊さんを乗せるという事が珍しくて、驚いておられる。

三つ目に、私以外の何かが見えておられる。

この三つのどれかではないかと思いました。何れにせよ、明らかに車内は少し緊張した空間になっていました。激しい雨の中、運転して頂いているのですから、事故でも起こしては大変です。ですからリラックスして頂こうと、取り敢えず声を掛けさせて頂きました。

「よく降る雨ですね」と私が言いましたら、運転手さんは、突然話しかけられた事に驚かれたのか、一瞬「わっ」と小さく声を出して驚かれました。

「そ、そうですね。よ、よく降る雨ですね。はい」

そんな風におっしゃるんです。

再び車内はエンジン音さえ消し去るほどの雨音と、激しく雨を切るワイパーの音だけになりました。

「何だろう。この感覚を知っている気がする」

デジャブというものに近い感覚で、それでいて体験した事は無いような不思議な感覚です。少し考えておりますと答えが出ました。霊です。霊になった気持ちです。

私が死んで、霊体となりタクシーに乗ったとします。そのタクシーの運転手さんが、たまたま霊感のある方であれば、今まさに味わっている感覚になるのではないかと思いました。

私はまだ死んでいないのに、もしかしてこの運転手さんは、私を霊体だと思っておられるのかも知れない、そう思うと何だか一人で可笑しくなってきました。声を出して笑ってはいけないと、笑いを抑えていたのですが、とうとう口から笑い声が少し漏れてしまいました。

「クク、ククク」

と。

すると運転手さんは、恐る恐るルームミラーで私の様子を窺われます。その時、私と目が合ってしまいました。するとまた驚いたように「ビクッ」とされた後、前を向いて何も言わずに運転をされます。

私は、しまった、逆に驚かせてしまったと思い、これ以上声を出してはいけないと思いました。思いましたが、一度口から漏れ出た笑いは、自分では制御出来なくなっていました。

「はははは」

私は吹き出してしまったのです。

急な大雨の日、乗って来たのはお坊さん、行き先は京都のお寺。途中、車中で後部座席のお坊さんが大笑いするという、古典的怪談のセオリーを全て踏襲した状況になってしまいました。当然運転手さんは、恐怖で引き攣《つ》った顔をされていました。

「え、どうされました？　何かありましたか？」

運転手さんの問いかけに即座に答える事が出来ません。笑いを抑える為、深呼吸して心を整える事に専念しました。答えの返ってこない状況に、運転手さんは更に恐怖を感じておられるだろうと申し訳なく思いましたが、これ以上声を出すと益々大きな声で笑い出してしまいそうな自分がいたのです。他の事に気持ちを向けようと、窓の外に目をやりますと、バチバチと音を立てて、激しい雨が窓に吹き付けています。この雨を見ながら私はふとこんな事を思いました。

一見この雨というのは、鬱陶《うっとう》しいものです。外出には傘が必要ですし、横風が吹けば、足元や服も濡れてしまいます。それに気分も暗くなりがちです。ですから、こういう天気のことを悪い天気と表現するのでしょう。しかし、本当に雨の日は悪い天気なのだろうかと思い始めたんです。

そこで私は運転手さんにこう言いました。

「運転手さん、よく雨の日は悪い天気なんて言いますけど、草木から見ると良い天気かもしれませんよね」

「あ、は、はい、そうですね」

と怯えたように仰るんです。無理もありません。突然の私の笑い声から、無視を挟んでのこの問いかけです。

私は何とか明るい雰囲気に持って行こうと、話を続けました。

「雨っていうのは、一滴では水ですが、沢山集まると、初めて雨になる訳ですよね。もしかすると、この降ってくる雨一滴一滴に、あなたは雨ですかと聞いた時、いやいや私は単なる一滴の水です。多分そう答えるでしょうね。

この一滴一滴の水滴は、自分がすごく大きな雨である事に気がついてないでしょうね。思わず、あなたはこの大地を潤す大きな雨なんですよと伝えたくなりますね」

そうしますと運転手さんは、今までにない大きな声で、

「あーなるほど、なるほど」

と答えて下さいました。しかし、この時点でもやはり、少し怖がられているご様子でした。

そして漸くタクシーはお寺に無事到着致しました。

「長い時間ありがとうございました」

私が運転手さんに御礼を言いますと、運転手さんがとても神妙な面持ちで、「お坊さん、少しだけお時間頂いても良いですか」と仰いました。

この時、私のことをお坊さんと表現されました。もし私の事を知ってくださっていれば、三木大雲住職など、名前でお呼びくださる様に思ったのです。という事は、

私個人の事はご存知ないという事です。

しかしこの運転手さんは、何故かこう仰いました。

「あの、一度お会いしましたよね」と。私の方には見覚えがありませんでした。

「もしかすると、どこかでタクシーに乗せて頂きましたかね」

「いや、いや、そうじゃなくて、ほら、私が死んだ時に、お会いしましたよね」

そう仰るんです。

思考停止とはこの事です。私は一瞬、思考が止まりました。運転手さんが亡くなられた時とは、一体どういう事なのか。返答に困っていますと、運転手さんは、次のようなお話をして下さいました。

実はこの運転手さんは、以前、命を落とすような大事故に遭われたそうなんです。頭からはかなりの出血をしていて、車はひと目で廃車と分かるくらいにグシャグシャになっていたそうです。後続車だけでなく、対向車も停車して、沢山の方が運転手さんの元に駆け寄って来て下さったそうです。暫くすると、パトカーや救急車がやって来て、救命活動を行っておられた様です。

この様子を運転手さんは、地面から五メートル程の上空から見下ろされていたそうです。所謂、幽体離脱を起こしておられたそうです。

「ああ、自分はこの事故で死んでしまうんだな」

そう思ったそうです。そしてずっと下を見ていると、時々、自分の体の方に近寄るそうです。しかしまた遠くなる。そしてまた近寄るを繰り返していたと仰います。この近寄ったり遠のいたりするのは、死にかけたり、助かりかけたりしているのだと運転手さんは感じたそうです。

そんな状況の中、この運転手さんは、長年、車の運転ばかりしてきて特に目立つような事もしていないし、もうこのまま死んでしまった方が良いなと思ったそうです。そう思ったと同時に、自分の体からすっと上空に上がり始めたそうです。

十メートル位上がった所で、突然、会ったことも見たこともない、見知らぬお坊さんが現れて、怒鳴りつけるように、こう言ったそうです。

「あなたの役目はまだ終わっていない。早く帰りなさい」

そう怒鳴られたというのです。

見知らぬそのお坊さんが、あまりに怒るので、怖くなって慌てて体の方に戻ろうと思ったと同時に、意識を取り戻したそうです。

「あの臨死体験以来、自分の役割は何だろうと日々考えてるんですよ。そして、あの時に大きな声で怒ったお坊さんが、まさに今目の前にいるあなたです」

そう仰いました。

しかし私は、全くそんな事を知りません。恐らく、私に似たお坊さんだったのでしょう。黒い法衣に、お袈裟《けさ》をして、丸坊主。そこにメガネを乗せれば、三木大雲になってしまいそうです。

ですから私は、見間違いだと思いますとお話ししました。しかし運転手さんは、お構いなしにこう仰いました。

「今日、答えを出してくださったんですね。有難うございます」とお礼を仰るんです。私は未だ意味が分からず、詳しくお話を聞かせて頂きました。

このタクシー運転手さんは、事故を起こし幽体離脱をした時、たとえ生き返った所で、自分はいちタクシー運転手で生涯を閉じる事になる。タクシー運転手という仕事に誇りは持っていたものの、社会的には大した仕事ではないと思っておられた様です。

無事に生き返った後も、その思いは同じだったようで、一命を取り留めた事に意味があったのかと疑問に思いながら生きて来られたそうです。この疑問が湧く度に、幽体離脱した時に怒って来られたあのお坊さんに、生き返った意味を聞きたいと思っていたと仰います。

「そして、あの時のお坊さんが今日、乗って来られたので、動揺し、どう話をしようかと迷っていたんです」

そう言われました。私は勝手に怖がっておられるとばかり思い込んでいましたが、そういう理由だったのです。

私は勝手に気まずいと思い込み、たまたま一滴の雨の話をしました。

「あの一滴一滴の雨と同様ですね。私も自分では気が付いていないだけで、大きな何かの一つになっているのだと思えました。あの時、怒鳴ってくださったおかげで、今の自分があるんですね。有難うございます」

そう仰って下さいました。

自分で意識や確信がなくても、案外、人間は誰かの役に立っている事があるのです。たとえ小さなことしか出来ていないと思っていても、その行いは巨大な役目を果たす為に必要な行為の一つなのかもしれません。毎日自分の為だけに生きているように思っていても、自分が気付いていないだけで、誰かの喜びにつながっている事があるのです。

勿論この逆もあります。自分が無意識のうちに人のお世話になっていたり、人に迷惑をかけていることもあります。必ずあります。生きるという事は、そういうことだと思うんです。

人に迷惑をかけたり人の役に立ったり、そんな中で私たちは生きていくのです。
自分なんかと思わずに、日々自信を持って生きて行きましょう。

佐伯くんのタマゴ

京都怪奇譚シリーズの何冊目かで書かせて頂いたと思いますが、私は幼少の頃に、霊に足を引っ張られ、その後、狐か猫の妖怪に足を引っ掻かれた事があります。左足には現在もその時の傷が残っています。そんな事があって以来、不思議な体験をするようになりました。

子供の頃、見えたものを人に話すと、馬鹿にされたり、嘘つきと言われたり、とても嫌な思いをしました。親からは心配されて、霊や妖怪が見えたとしても人に話をしてはいけないと、強く口止めされたのです。

口止めされた話の中に、佐伯くんという友人のお話があります。

佐伯くんは、私が小学校二年生の時の友人です。一年生の終わり頃に転校して来た、とても頭の良い男の子でした。

口数の少ない彼は、転校して来たということもあってか、誰かと話をしているところをあまり見たことがありませんでした。そこで私は、学校の休み時間に話しかけてみました。

「佐伯くんは、何をして遊ぶのが好き？」

そう言うと、彼は嬉しそうにこう言いました。

「僕は土で、タマゴを作るのが好き」

その頃、土で丸い団子を作るのが流行っており、私も好きだったので、休み時間や学校が終わってから、校庭の砂場や公園で佐伯くんとよく土で団子を作りました。夏休みに入ってからは、毎日のように、朝から夕方まで公園の砂場で土の団子作りをしました。

土の団子はまず、小粒の石すらないサラサラのサラ砂に、土と水を含ませます。それを丸めて、泥団子を作ります。それを一時間程乾かして、乾いた泥団子にサラ砂をかけながら磨いていきます。割れる事なくここまで出来れば完成です。

しかし、あまり器用でなかった私は、力を入れ過ぎて割ってしまったり、水を含ませ過ぎて上手く乾かせなかったりして、中々納得のいくものを作ることができませんでした。

ですが、佐伯くんは違いました。最初は私と同じで割ってしまっていたのですが、何日かすると、完璧な泥団子を何個も作っていました。

作り終えたものや乾かしている最中の泥団子は、公園の隣にあるお寺の本堂の縁の下に並べて置いておきました。

そして次の日、佐伯くんといつものように泥団子を見にいくと、何と全部割られていたのです。二人でショックを受けていると、そこに中学生が数人来ました。時々公園で見かける人たちでした。彼らは私たち二人にこう言いました。

「ここにあった泥団子、お前らが作ったんか」

「うん、でも誰かが割ったみたいやねん」

「ははは、それを割った犯人知ってるで」

「え、誰が割ったん」

私が聞くと、

「犯人は、俺たちでーす」

と中学生たちは嬉しそうに大笑いしながら答えました。

私は腹が立ちましたが、次は見つからないところに隠そうと思って、佐伯くんの手を引っ張ってその場を離れようとしました。

「佐伯くん、もう行こ」

私が手を引っ張ると、佐伯くんは俯《うつむ》きながら、小さな声で何か言っていました。最初は泣いているのかなと思ったのですが、違いました。

「いち、にい、さん、よん」

と小声で何かを数えていたのです。

「いち、にい、さん、よん」

何度も佐伯くんは何かを確認するように数えているようでした。

一人の中学生が、中々この場を離れない私たちに、少し苛立《いらだ》ちを感じたようです。

「おい、お前ら俺らに文句でもあるんか」

と凄んで来たのです。

危険を感じた私は、佐伯くんの手を強く引っ張って、その場を離れました。

いつもの砂場まで来ると、私は佐伯くんに声を掛けました。

「佐伯くん、大丈夫？　泥団子は割られて悔しいけど、また作ったらええやん」

すると、佐伯くんは失笑するようにこう答えたのです。

「昔と違って、嫌な人が増えたなあ。僕らのような子供を虐《いじ》めるって、あの人たちは最低やね」

そう言って、少し笑いました。

「そやけど佐伯くん、良い人も沢山いるで。お父さん、お母さん、お祖父ちゃん、お祖母ちゃん……」

私は佐伯くんが落ち込んでいると思って、励ますように、良い人だと思う人を沢山佐伯くんに教えてあげました。

それを聞いた佐伯くんは、先程の失笑のような笑顔ではなく、優しい笑顔になってこう言ってくれたのです。

「三木くんは面白いな。確かに良い人も沢山いるけどな。でも嫌な人も沢山いるから、良い事を教えてあげる」

そう言うのです。

そして佐伯くんは、一心不乱に泥団子を作り始めたのです。作っている最中の佐伯くんは、何を話しかけても返事をしてくれませんでした。それほど集中していたのです。そんな集中しての泥団子作りは、夕方まで続きました。後は乾かして、また明日完成させようということになり、今度は壊されないように私の実家のお寺まで持って帰りました。

実家のお寺の縁の下に泥団子を置くと、佐伯くんは、もっと奥に置こうと言うのです。

「そんなに奥に置かんでも大丈夫ちゃう」

「いや三木くん、この泥団子はいつもの泥団子と違うねん」

佐伯くんは泥団子を全て縁の下の奥の方に置き終わると、私の方を見てこう言いました。

「これは泥団子と違って、タマゴやねん。そやから三木くんの家族にも、見られたらあかんねん」

意味は全く理解出来ませんでしたが、佐伯くんの真剣な気迫に押される様に、私は頷いていました。

次の日の朝、佐伯くんはいつもより早くに家に来ました。そして二人で泥団子を取り出すと、直ぐに公園の砂場に行きました。

そして佐伯くんは、泥団子をじっと見つめて、選定を始めたのです。

「これはあかんな」

そう言うと地面に投げて割ってしまいます。

「これは完璧やな」

合格した泥団子は、丁寧にサラ砂の所に並べていきます。

合格した泥団子は合計で七つほどありましたが、さらに選定を続け、四つにまで絞り込まれました。

「よし、この四つが合格やな」

佐伯くんは合格した泥団子に、仕上げのサラ砂をかけて、磨き始めました。

私も自分の作った泥団子にサラ砂をかけて磨いたのですが、私は気が付いていたのです。佐伯くんの泥団子は、丸くありませんでした。それはタマゴ型をしていたのです。

昨日、佐伯くんは「これは泥団子と違って、タマゴやねん」と言っていたので、タマゴの形を作りたいのだろうと、何も言わずに見ていました。佐伯くんは、話しかけても何も答えないほど集中して、サラ砂磨きに没頭していました。お昼になって「ご飯を食べに帰るよ」と声をかけても、全く反応はありませんでした。

ご飯を食べ終わり、佐伯くんの元に行くと、まだサラ砂磨きをしていました。そして夕方前に、そのタマゴは完成したのです。

「三木くん、出来た。完璧や」

佐伯くんは今までに見たことのないほどの笑顔でそう言いました。そして続けてこう言ったのです。

「このタマゴには、番号があんねん。こっちから一番タマゴ。隣が二番タマゴ。三番タマゴ。四番タマゴ。このタマゴには魔法がかけてあってな、この四つはあの時の中学生やねん」と。

そして四枚のハンカチをポケットから取り出すと、一枚ずつ地面に並べました。そのハンカチには真ん中に小さく平仮名で「いちばん」「にばん」と、番号が書かれていました。

佐伯くんに詳しい話を聞きますと、泥団子を割られた時に、心の中で中学生に番号をつけたらしいのです。そして、一番タマゴを割ると、一番の中学生が不幸に遭うと言うのです。

この話を聞いた私は、四つ並んだ佐伯くんのタマゴを大切に扱わなければ大変なことになると恐怖を覚えました。しかし佐伯くんは違いました。

番号の書かれたハンカチの上にタマゴを順番に置き終わると、突然、佐伯くんは大きな声で「四番タマゴ」と叫びながら、足で何度もふんづけて壊してしまいました。私は思わず佐伯くんを止めましたが、その時には「四番タマゴ」は粉々になっていました。

その日以来、私は佐伯くんが遊びに来ても、誘いを断るようになりました。

そして、まもなく夏休みも終わるという頃、他の友達のお母さんから、いつも公園に来ていた中学生の一人が事故に遭って入院したらしい、と聞きました。

「四番タマゴ」

私は咄嗟にそう思いました。しかし誰にもこのことは話しませんでした。

夏休みも終わり、学校に行くと、佐伯くんの姿がありません。他の友達に聞いても「佐伯なんて聞いたことないよ」と言うばかりです。

家に帰って、母親に「佐伯くんがいなくなった」というと、聞いたことのない名前だと言います。そして、存在しない人について、誰にも話をしてはいけないと口止めされました。

この日以来、佐伯くんの話は今までして来ませんでした。

さて、佐伯くんは私が見た幻覚だったのでしょうか。私は絶対に佐伯くんは存在したと確信しています。なぜなら佐伯くんがいなくなった日、実家の縁の下の奥の方を覗くと、ハンカチに包まれた、一番タマゴから三番タマゴまでの三つのタマゴがあったからです。

私はこの佐伯くんのタマゴを、三つともある場所に一人で埋めました。その埋めた場所も、埋めたその日のことも、今でもはっきりと記憶しております。

もう四十年ほど前の話ですから、佐伯くんのタマゴは割れずに無事に土に還っていると思いますが、今でもふと思い出し心配になります。

もし、佐伯くんが何処かで暮らしているとしたら、この世は嫌な人も多いけど、良い人も沢山いることを再度伝えたいと思います。

賽銭泥棒

数年前に、私のお寺の賽銭《さいせん》が盗《と》られる事件がありました。次の週に犯人は逮捕されて、全国ニュースにもなりました。このニュースを見たある知り合いのご住職様が、「実は私のお寺でも、お賽銭が盗られる事件があったんですよ」と教えてくださいました。このお話がとても不思議でしたので、今回お話しさせて頂きます。

お話しくださったお寺様でも、私のお寺同様、泥棒に賽銭箱を荒らされたそうです。警察の方からお聞きしました所、賽銭箱からお金を盗る為の器具があり、誰でも簡単に作れるのだそうです。このお寺様は、どうやらその器具を使用した犯行に遭われたらしいとの事でした。

この器具を使っての犯行は、賽銭箱を一切傷付けません。ですので発覚がなかなか難しいそうです。しかし、それをいいことに、犯人が賽銭箱の中身を全て盗った日があったそうです。ですので、ご住職がおかしいと気が付かれました。

防犯カメラを見ますと、そこには賽銭泥棒の姿がはっきりと映っていたのだそうです。しかし、いつ来るのか分からない犯人を捕まえる事はなかなか出来ません。

困ったご住職は警察にも通報し、警察官が張り込みなどもしてくださったそうですが、張り込みのない日に犯行があったりして、すぐには捕まえられなかったと仰います。

困ったなあと思っていたある日、ある男性がお寺に来られ、こう言われたのだそうです。

「実は私、このお寺からいつも賽銭を盗んでいました。今日は聞いて頂きたい話があるのですが、いいですか」

このように言われたのだそうです。

ご住職も驚かれて、確認されました。

「あなたが、賽銭箱からお金を盗っておられた方ですか」

「はい、そうです」と、男性は特に謝るでもなく、少し開き直った態度だったようです。

そのようすに驚きながらも、ご住職がとりあえずお話を聞きましょうと、お座敷に招き入れると、男性はこんな話をされたそうです。

男性がいつものように賽銭泥棒をしていると、お札に混じって、一枚の封筒が中に入っていたそうです。封筒の中身はお金かもしれないので、そのまま家に持って帰ったそうです。

家に着いて封筒の中を見ると、手紙が一枚入っているだけで、お金は入っていなかったそうなんです。

男性は、お金が入っていない事を残念に思ったそうですが、手紙の内容も少し気になったので、読んだのだそうです。

その手紙は女性の字で書かれていて、その内容は怒りに満ちていたらしいのです。

「今まで病気を治してくださいって、何度も何度もあなたにお願いしましたよね。でも結局、治りませんでした。それに、私はお金が欲しいってあれだけお願いしたのに、結局宝くじも当たらないし、仕事も上手くいきません。どうなっているのですか」

そんな悲しい愚痴が書かれていたそうです。そして最後の一行には、

「さようなら、私これで死にます」

と書かれていたのだそうです。

この手紙を読んだ男性は、怖いなと思いながらも、

「よく考えたら俺の考えてることと一緒じゃないか」

そう思ったというのです。

どういうことかと言いますと、この男性は以前、何度もそのお寺様にお願い事をしに行っていたそうなんです。しかし、未だかつて願い事を聞いてもらったことが

ないそうなのです。

「ある時には千円を入れた。でも、千円分の何かを返してくれたかっていうと、何も返ってきてない。だから俺は自分が入れた賽銭以上のものをこの賽銭箱から盗っている。これは俺が悪いわけじゃない。住職がもし俺を訴えようとするならその前に神仏を訴えろ」

こんな話を犯人の男性がするそうなんです。

これに驚いたご住職は、仏様や神様というものは、基本的に契約をするものではないなどと、色々説明されたそうなんですけれども、「俺はもうここでは物を盗ったりはしないけど、他ではやる」と言って帰って行かれたそうなんです。

警察の方に連絡しようか、ご住職は非常に迷われたそうです。犯行の告白を捕まってもいないのに何故しに来たのか。男性の考えは、現在では一般化していて、中には見返りがあるという寺社もあるのかもしれないと思い、一日いろいろと考えてからにしようと思われて、その日は通報されなかったという事でした。

そして次の日になりますと、あの男性、つまり犯人が朝早くにまた来たそうです。

今日は何の話をされるのだろうと思っていると、昨日とは随分態度が変わっていたそうなんです。

「住職、すいません。あの、昨日色々言いましたけど、お経をあげて頂けませんか」と、ちょっと怯えた様子で言ってきたそうです。

「どうされたのですか。昨日とは随分と態度が違う様ですが」

驚いたご住職はそう聞かれました。

「いや、実は昨日あれから家へ帰りますと、怖いことがあったんです」

震える声でこんな話をして来たそうです。

部屋に一人でいると、突然女性の声が聞こえて来たというのです。

「分かるよね。私の気持ち、分かるよね」と。

その声は、男性の耳元で聞こえるそうなんですが、もちろん部屋には誰もおられません。

男性が恐怖を覚えながら、部屋中を見回していたその時、突然、手首に冷たい何かが巻き付いたように感じたそうです。

何だろうと見ると、手首から先しかない女性の手が、男性の手首をギュッと握っていたらしいのです。

男性は恐怖のあまりその手を払いのけると、手はボトッと床に落ちて、スッと消えたといいます。

「あれは間違いなく、あの手紙を書いた女性が亡くなった後、気持ちが分かると言ったので私についてきたのだと思います。何もできない私を頼ってきたんです。どうかご住職、今までの賽銭は全部返しますし、お布施もちゃんとするので、お経をあげてもらえませんか」

そう言いに来られたそうなんです。

ご住職は驚きながらも、

「そうですか。分かりました。お経をあげさせて貰いましょう」

と言い、お経をあげられたという事です。

お経をあげた後、ご住職は男性にこんな話をされました。

「あなたは、神仏に裏切られたと言われましたね。お賽銭をあれだけしたのに、自分には何もしてくれない。そうお考えでしたよね」

そう言うと、男性は黙って頷かれたそうです。

この本をお読み頂いている方の中にも、同じように思われている方がおられるかもしれません。しかし、それは少し思い違いをされています。

お賽銭といいますのは、お願い事を叶えて貰うために前金として納めるものではありません。お賽銭とは、普段、色々な恩恵を頂いている事に対するお礼であった

り、どうかこのお賽銭をお寺や、仏様のお役に立てて下さいという気持ちで納めるものです。ですから元来、お願い事をするものではないんです。

ご住職は、このような内容のお話を男性にされました。すると男性は、素直に頷かれたそうです。

「今になって、よくその事が分かった気がします。私の努力が足りなかった事を神様のせいにしていました」

男性は、冷たい女性の手に手首を握られた時、「自分で努力してくれ、俺に頼らないでくれ」と思われたらしいのです。しかしよく考えると、自分も同じ事を神仏にしていると気付かれたのです。

そして男性は、深々と頭を下げ、「今度は綺麗な心で、お参りに来させて頂きます」と言って、帰って行かれたそうです。

そして、その男性の姿に重なるように、もう一人薄っすらと透けたように、女性の姿が見てとれたと、ご住職は仰います。

男性が言っておられた女性かなと思って見ていると、この方もまた、ご住職に深々と頭を下げて、その場で消えられたそうなのです。

「人事を尽くして天命を待つ」

それが、今回のお話に出て来られた男性と女性に、神仏から贈られた大切な教えだったのかも知れません。

蓮久寺修復工事の不思議

京都の蓮久寺、すなわち私が住職をさせて頂いておりますお寺ですが、現在、修復工事をしております。修復工事についてのお金の一部は、大黒様から頂いたお金です。これについては京都怪奇譚シリーズの中に書かせて頂いておりますのでここでは書きませんが、宜しければ他の巻をご覧ください。

さて、お金も本堂の修復分は確保出来て、漸く工事が始まるという時期のお話です。今回は、実名で書かせて頂きます。

工事を開始する為には、大型車両が入れるスペースが要りますので、まず駐車場の確保から始めました。

この頃、蓮久寺には一台分の駐車場しかありませんでした。と言いましても、3ナンバーの大きな車は停めることが難しい狭い駐車場です。

蓮久寺が駐車場を確保する方法は、お隣の家屋を買い取り、更地にする他に方法はありません。かと言って、簡単に売って頂けるものでもありませんから、困っていました。

そんなある日の昼間、突然、「今、家屋を売って下さいと言いに行かなくてはいけない」そう思ったのです。何故、今なのかという理由は特にありませんでした。理由はないまま、副住職と共に四軒の家を回ることにしました。すると、最初の一軒は「物置にしているだけなので良いですよ」といとも簡単に売って頂くことが決まりました。そして他の家屋も、お住まいの方が高齢で、引っ越しを予定されていたり、既に空き家になっていたりで、四軒がその日の内にお寺への売却を快諾して下さいました。

それから数週間後、名義変更などの手続きを済ませて、お隣の解体工事が始まる事になりました。勿論、解体工事を開始する前に、お寺の本堂に開始の報告を致しました。

そして解体工事を始める前に、工務店さんに、大きな蛇が出ると思いますが決して触らないで下さいとお願いしました。

古いお寺は工事を開始すると、大きな蛇が現れる事が多くあります。私の実家である教法院でも、改修工事前には、大きな蛇が現れ、工事が終わると帰って来たのを私も見ております。この蛇は、お寺を守る主だと言われています。

「蓮久寺は街の真ん中にあるお寺ですので、そのような大きな蛇はいないと思いますよ」そう工務店さんは仰っておられました。

しかし数日後、解体工事の最中に、二メートル以上ある蛇が、蓮久寺の銀杏《いちょう》の木に巻き付きながら、工事の様子を見ていたらしいのです。あまりの大きさに怖くなって、暫くその場を離れていると、いつの間にか消えていたそうです。これは、工事の始まりを蓮久寺の主が見守っておられたに違いありません。

解体工事が進む中、配管工事も進めました。今まで蓮久寺は、参拝の方がトイレを使われる度に、配管の中に汚物が詰まっておりました。そこで、参拝の方が使われた後は、私が手で配管の中から汚物を取って、捨てていました。ですので、配管も新しくすることにしました。そこで判明したのですが、下水の配管は瓦を並べて作ったようなもので、水道管と思っていたものは、電気の配線を通すための細い管だったのです。水道屋さんも初めて見ましたと驚いておられました。恐らくですが、私より以前の住職さんが、資金がない中、ご自分で直しておられたのではないかと思います。

さて、工事は着々と進み駐車場も出来て、いよいよ本堂の工事へと移っていきます。本堂を工事する上で、最も重要な案件が発生します。それは、仏像の修復です。今回の蓮久寺修復工事では、本堂の耐震補強と仏像修復が何よりも大切なミッションです。

そこで、仏像修復をどなたにお願いするかを考えなくてはいけません。どなたにお願いしたら良いかを考えておりましたら、突然「ミヤモトさん」という名字が浮かんで来ました。

直ぐに副住職に調べてもらうと、京都に宮本我休《みやもとがきゅう》さんという仏師の方がおられることが分かりました。早速お電話にてお願いを致しました所、宮本さんも私のことを知ってくださっていました。

「何で私のことを知って下さったのですか」

宮本さんが聞かれましたので、「頭にお名前が浮かびました」とお話ししました。私を知ってくださっているのでさほど驚かれることもなく、数日後、見積もりのためにお越し頂きました。

宮本さんとお話しさせて頂いておりますと、宮本さんが仏師を目指された背景には、天野喜孝《あまのよしたか》さんの影響があると仰いました。

天野喜孝さんとは、アニメのみなしごハッチやタイムボカン、ゲームのファイナルファンタジーなどのキャラクターデザインをされておられる方です。

実は以前、私は日蓮宗の仕事の関係で天野さんと知り合い、それ以来お付き合いをさせて頂いております。そしてこの日、天野さんが京都に来られており、ご挨拶に行かせて頂く予定でした。折角ですので宮本さんも一緒に行きましょうと、二人でご挨拶に行かせて頂きました。この不思議なご縁で、蓮久寺の仏像の修復は宮本さんにお願いすることになったのです。

次に、蓮久寺の仏様が修復からお帰りになった時に、どのような本堂にしようかと考えました。工務店さんをはじめ、デザイナーの先生方、檀家総代さんとも話し合いました。

まず第一に、仏様が喜んでくださる本堂、その中には耐震補強ももちろん含まれております。次にご参拝者の方が心に残る本堂を目指したいという話になりました。耐震補強や予算の関係で、近代的な建物と古い建物が融合したようになるので、天井を日本伝統の技術を使ったものにしようということになりました。その結果、天井一面を漆塗りにすることになりました。

しかしながら、天井を漆塗りすることは、そう簡単ではありません。と言いますのも、天井はかなり広いからです。ですから天井一面を漆塗りにする為には、工場で漆塗りした大きな板を貼り付けるといったことは不可能です。かと言って、小さな板に漆を塗って、それを貼り付けていくといった方法では、どうしても板の繋ぎ目が出来てしまいます。

そこで、方法は二つに絞られました。一つは、柔らかい漆をスプレーで吹き付けていく方法です。そしてもう一つは、職人さんが直に天井を刷毛《はけ》で塗っていく方法です。

後者は、職人さんが頑張れば出来なくもないですが、完成までに半年以上かかってしまいます。ということは、職人さんは半年間、天井を見続けることになるわけです。この方法はいくら何でも職人さんにとって肉体的に難しいです。ですので、結論としては、漆をスプレーで吹き付けるという手法をとることに決定致しました。

その他にも段々とデザインや構想が決まってきて、早速、色々な場所の工事をすることになりました。お隣の解体を最初に終え、次に取りかかったのは、トイレです。工事に携わってくださる工務店さんや大工さんが、用を足す場所を作ってからの方が良いと考え、駐車場の確保の後すぐに取りかかりました。

その工事の間、本堂では日々の報告に加え、これからの工事の予定を仏様、神様には勿論、座敷童《ざしきわらし》やその他の蓮久寺におられる霊の皆様にも報告させて頂いておりました。

日々、報告する中、不思議な現象が起こりました。それは、急激にお寺の傷みが激しくなって来たことです。

具体的にいいますと、今まで崩れていなかった箇所が、急に崩れ始めたり、抜けていなかった廊下の一部が抜け始めたり、お風呂のタイルが今まで以上に剝がれ始めたりと、一気にお寺が傷み始めたのです。

私はこの現象に、涙が出そうになりました。何故なら、今まで蓮久寺は、満身創《まんしんそう》痍《い》の状態で建ってくれていたのだと気が付いたからです。

「あともう少しで工事が始まる。私たちの役割もあとわずかだ」

私が工事の報告をする度に、今まで耐えて来てくれた柱やタイル、床たちが片膝を突き始めたのだと感じました。

「今まで有難うございました。今までご苦労様でした」

まるで人間が、ご先祖様を敬う如く、古きお寺の至る所に感謝の気持ちを伝えました。

トイレの工事が無事に完了すると、次に応接間へと工事は進んで行きました。

工事が無事に進む中、大工の棟梁を務めて頂いている山田さんが、こんなことを仰いました。

「ご住職、実は新しく出来たトイレなんですが、勝手に電気が点いたり消えたりするんです」と。

新しいトイレは、人感センサーが付いていますので、当然、誰かが入れば点き、暫くすれば消える仕組みになっています。そんな仕組みについては、私以上に山田さんはご存知な訳です。山田さんが驚かれるのは、誰も入っていない、つまりセンサーが勝手に働くはずのない状況下で、勝手に電気が点いたり消えたりするということを仰っておられる訳です。

これにつきましては、京都怪奇譚シリーズの中にも書かせて頂いた、座敷童の仕業だと直ぐに分かりました。水遊びが好きなのか、工事前からトイレの鍵を中から閉めたり、水を流したりしていましたので、トイレでの不思議現象は座敷童が遊んでいるだけですので、無視してくださいと説明させて頂きました。すると、本当にこのような現象があるのですねと驚いておられました。

そして数日後、今度は工務店さんと大工さんが、こんな話をされました。

「室内工事をしていると、突然ライトが消えてしまったんです。何か不具合があったのかと思い調べましたが、何も問題はありませんでした。もしかして座敷童の仕業かと思っていると、突然ライトが数分間、点滅したんです」

そう仰いました。

「これは、座敷童さんが相手をして欲しいと思って遊んでいるだけですので、ちょっと今は邪魔しないでねと言うと、邪魔しないと思いますので、そうしてください」

と、お願い致しました。

その会話を座敷童が聞いていたのか、それ以来ライトの不具合はなくなりました。

それから数ヶ月後、本堂の工事もある程度進み、ついに天井の漆塗りが開始されました。下塗りを重ねて、漆のスプレーを吹き付け、乾かしてから磨きを加える作業をしていきます。

しかし、この漆が不思議なことに中々定着しません。通常は、漆黒の鏡のようになるのですが、何故か凸凹とした表面になってしまいます。この現象を漆塗りの世界では「座らない」と表現するそうです。

「座らない状態では漆塗りの天井とは言えない」

職人さんはそう仰って、一度全て剝がし、一からやり直しとなりました。しかし何度スプレーしても座りが悪く、結果として古来からのやり方、即ち全て手で刷毛塗りすることにされました。

「これはもしかすると、仏様からのご指示なのかも知れません」

そう言って、漆塗り職人の渡辺さんは、この日から約半年をかけて、手作業で天井を塗り磨いて下さいました。その前の期間を含めますと、約八ヶ月もの間、渡辺さんは蓮久寺の天井と向き合ってくださったということです。

そして漸く本堂の天井が出来上がった日、工務店の社長である皆川さんが、本堂で五百円玉くらいの大きさの緑色のとても綺麗な火の玉をご覧になったそうです。

実は前の本堂でも、大きな行事などがある際、緑の火の玉が飛ぶことがあり、私は蓮久寺の神様と呼んでいるのですが、どうやら同じものをご覧になったようです。そしてこのお話をお聞きした日の夜、私もまた本堂で見ることが出来ました。これは御神仏が天井を気に入ってくださった証拠だと思います。

さて、残るは修復中の仏像ですが、こちらに関しても驚くような発見がありました。

先ず、お釈迦さま、多宝如来《たほうにょらい》様はじめ四菩薩、四天王に至るまで、一体一体がかなり高度な技術を要する仏像だったのです。

仏像の合掌《がっしょう》された手は、一つの木で一体物として作るのが普通です。しかし蓮久寺の仏様の手は、右手と左手が別々に造られており、それが合掌されているのです。しかも、ほぼ全ての仏像には、胎内経《たいないきょう》が入れられているという、とても珍しい仏像群なのです。

仏師さんによれば、一体造ってはお金を貯めて、貯まったらまた一体造るといった方法で、本堂の仏様が揃われたのではないかということです。何故なら、それ程一体一体の仏像が、細かく正確に、且つかなりの技術で造られているからだそうです。

仏像の精巧さや、造り込みの巧みさには、当時の仏師さんの技術は勿論、その時のお寺に従事しておられた方々の思いが込められていると思います。

そして、この原稿を書いている正に今、仏師さんから連絡が来ました。お釈迦さま、多宝如来様の修復が今終わり、来週に蓮久寺にお戻りになることが決まりました。皆様も修復された本堂と仏像を見に、是非お参りください。

お婆

私は月の半分、忙しい時期は月の三分の一しか、京都のお寺にはおりません。その理由は、有り難いことに、全国から講演依頼を頂きますので、日本の何処かに出掛けている為です。そして最近では、海外からも講演依頼を頂きますので、更に京都にいる時間が短くなって来ております。

そんな生活をさせて頂いておりますが、観光をする時間まではなかなかありません。講演が終わると、次の場所に移動致しますので、車窓からの観光が精一杯です。ですので、全国に寄らせて頂きながら、観光名所には殆ど立ち寄れないといった状況です。一度ゆっくりと旅行をしてみたいと願っております。

さて、今回のお話は、工藤さんという方からお聞きしたものです。

工藤さんは、大学を卒業して五年が経った今でもとても仲が良い、石上さんという同窓生の方と、旅行に行かれることになりました。

ここ数年、コロナで行動規制がありましたが、それが緩和されたので、少し遠くまで行こうという話になったそうです。

そこで、石上さんが提案されたのは沖縄でした。沖縄は石上さんのお祖母さんが、亡くなられるまで住んでおられた場所で、お祖母さんとの思い出の場所でもあるわけです。工藤さんも沖縄へ行かれたことがなかったので、是非行こうとなったそうです。

沖縄に着くと、綺麗な海に青い空、陽気に流れる沖縄民謡と、最高の時間を過ごされたそうです。宿泊場所は海沿いのホテルで、直ぐ近くにはお土産物屋さんが並んでいるショッピングモールもあり、とても満足な旅をなさったようです。

そして夜になって石上さんが、そう言えば、お祖母さんとの思い出話があるので聞いて欲しいと言われたそうです。

「俺は子供の頃からお祖母ちゃんの事をお婆《ばあ》って呼んでて、そのお婆の家に行った時の話なんだけど……」石上さんは、ホテルの部屋の椅子に座りながら話を始められました。

大学受験に合格した石上さんは、その報告にお祖母さんの家に行かれたそうです。

「お婆、大学に受かったよ」

そう言うとお祖母さんは、嬉しそうにこう言われたそうです。

「そうか、良かったね。そうしたら次は部屋の掃除をしなさい。散らかり過ぎだよ。そして要らなくなった参考書は、誰か後輩にあげるか古本屋に持っていきなさい。

贅沢はしてはいけないよ。大学に入れて貰えた分、贅沢を控えなさい。それから……」

お祖母さんは石上さんにとって、とても口煩《くちうるさ》い存在だったそうです。

何故ここまで口煩いのかと言うと、お祖母さんには霊感があり、石上さんの部屋の中の様子や生活態度が、顔を見ただけで分かるそうなのです。

沖縄には、御嶽《うたき》と呼ばれるお祈りやお参りをする為だけの場所が点在しており、ユタという霊感のある女性が現在でもおられます。石上さんのお祖母さんも、どうやらユタのお一人だったようです。

孫の生活が手に取るように分かるお祖母さんは、石上さんが訪ねて行く度に、小言のように色々と言われたらしいのです。

しかし、大学生になったばかりの石上さんには、それが煩《わずら》わしく、いつも誤魔化しておられたそうです。その誤魔化し方は、突然携帯電話に着信があった振りをするという方法です。

「はい、もしもし。うん、うん、分かった。それで……」

お祖母さんの小言を遮るように電話に出ると、そのまま外に出て行くのだそうです。

そして、暫く滞在していると、またお祖母さんの小言が始まったので、いつものように「はい、もしもし」と電話がかかってきた振りをしたそうです。

するると携帯電話から「もしもし」と声が聞こえて来たらしいのです。

石上さんは、間違って誰かにかかってしまったのかと思い、「もしもし、誰？」と言うと、高齢男性の声が、こう言って来たそうです。

「お婆の話にはしっかり耳を傾けなさい」と。

その声には聞き覚えがなく、思わず携帯電話の画面を見たそうですが、そこには待ち受け画面があるだけで、誰にも繋がっていない状態だったらしいのです。

怖くなった石上さんは、このことをお祖母さんに伝えると、笑いながらこう言われたそうです。

「その電話は、お祖父ちゃんからだよ」

しかしお祖父さんは石上さんが中学生の頃に他界されているので、そんなはずはないと反論した瞬間、石上さんの肩を誰かが「トントン」と叩いたのだそうです。

それに驚くと、またお祖母さんは笑いながら、

「お祖父ちゃんに心配かけんような生活をしなくちゃだめよ」

そう言われたそうです。

石上さんは、工藤さんに、

「人間は死んでも、魂は残っているってその時に感じたという思い出話でした」

そう笑って言われたそうです。

しかし工藤さんは、その手の話は全く信じない方で、石上さんに、

「そんな話、絶対嘘でしょ」

そう言ったのだそうです。

すると、そのタイミングで机の上に置いてあった工藤さんの携帯電話が鳴り出したそうなのです。

「ビックリした。タイミング良すぎだよ。誰だよ」

と工藤さんが携帯電話の画面を見ると、「非通知」と表示されていたらしいのです。普段、非通知でかけて来る人などいないので、出ようかどうしようか迷っておられたそうです。

その間も、机の上の携帯電話の画面には、赤い拒否のボタンと緑の応答ボタンが表示されており、呼び出し音が鳴り続けています。

迷っていたその時、二人の覗き込んでいる携帯電話の画面の緑のボタンが一瞬強く光り、「もしもし」と高齢女性の声がしたそうです。

「もしもし、これは本当の話よ」そう言って、電話は切れたそうです。

石上さん曰く、その声は、間違いなくお祖母さんのものだったらしいです。

人間の魂は、死後も生き続けておられるのですね。そして、人生の先輩である高

齢者の声には勿論、亡くなられた方々の声にも耳を傾けなくてはいけないのだと思います。

素振《そぶ》りだけでもいいので、携帯電話に語りかけてみては如何《いかが》でしょうか。

あとがき

本書をお読みくださった皆さま、誠に有難うございます。心より感謝申し上げます。

私は小学生の頃から、何故か作文の時間が大好きでした。夏休みの宿題などでも、作文の宿題だけは、早くに終わらせるほどでした。その分、算数や理科など、理数系は今でも凄く苦手です。

そんな私は、大人になったら本を出したい、本屋さんに自分の書いた本が並ぶと嬉しいなと思っておりました。しかし、そんなに簡単に夢が叶うはずなどないとも思っておりました。ところが、まさかのお声がけを頂き、平成二十三年に最初の発刊をさせて頂きました。

おかげさまで「京都怪奇譚」シリーズは本書で六冊目となりました。そして、漫画『怪談和尚』も二冊目が発売されました。

こちらも、子供の頃から、自分が漫画のキャラクターになれば嬉しいなと思っていたので、とても有り難く、嬉しく思っております。

何より、森野達弥先生の絵が、私の作品をさらにリアルに仕上げてくださっております。時には面白おかしく、そして怖く、最後には有り難いと感じられる作品になっております。漫画の『怪談和尚』も手に取ってくだされば幸いです。

合掌

三木大雲

令和五年六月　京都・蓮久寺にて

この作品は文春文庫のための書き下ろしです。
本文挿画　ヤマザキチヱ

文春文庫

怪談《かいだん》和尚《おしよう》の京都《きようと》怪《かい》奇《き》譚《たん》
妖幻《ようげん》の間《ま》篇《へん》

定価はカバーに
表示してあります

2023年8月10日　第1刷

著　者　三《み》木《き》大《だい》雲《うん》
発行者　大沼貴之
発行所　株式会社 文藝春秋

東京都千代田区紀尾井町 3-23　〒102-8008
TEL　03・3265・1211㈹
文藝春秋ホームページ　http://www.bunshun.co.jp
落丁、乱丁本は、お手数ですが小社製作部宛お送り下さい。送料小社負担でお取替致します。

印刷製本・大日本印刷
Printed in Japan
ISBN978-4-16-792073-9

『怪談和尚の京都怪奇譚』三木大雲・著

怪談和尚の京都怪奇譚

死者からの電話、人形の怨念、線路にしゃがむ老婆、自動販売機から伸びる手、死神に救われた話……。京都の古刹・蓮久寺の三木大雲住職が相談を受けた怖〜い出来事、不思議な話、怪奇譚の数々。テレビの「怪談グランプリ」で堂々準優勝の名人が語る現代版「耳袋」。見えない世界に触れることで、あなたの人生は変わる——。